二十几岁要懂的
人情世故

何国松◎编著

吉林大学出版社

图书在版编目（CIP）数据

二十几岁要懂的人情世故 / 何国松编著. -- 长春：
吉林大学出版社, 2010.10

ISBN 978-7-5601-6535-6

Ⅰ.①二… Ⅱ.①何… Ⅲ.①人间交往－青年读物
Ⅳ.①C912.1-49

中国版本图书馆CIP数据核字(2010)第202906号

书　　　名：二十几岁要懂的人情世故
作　　　者：何国松 编著
责 任 编 辑：王世林
责 任 校 对：王世林
封 面 设 计：紫英轩文化
出 版 发 行：吉林大学出版社
社　　　址：长春市人民大街4059号
邮　　　编：130021
发行部电话：0431-89580028/29
网　　　址：http://www.jlup.com.cn
　　　　　　E-mail：jlup@mail.jlu.edu.cn
印　　　刷：三河市华晨印务有限公司
开　　　本：710毫米×1000毫米　1/16
印　　　张：15
字　　　数：190千字
版　　　次：2010年10月　第1版　2024年1月　第2次印刷
书　　　号：ISBN 978-7-5601-6535-6
定　　　价：49.80元

前言
PREFACE

二十几岁正是青春勃发的年岁。面对青春岁月的丰富多彩和陷阱重重，你需要懂得各种人情世故，掌握必备的人生经验，这样才不会迷失于交际场，或遭遇失败的打击，被成功拒之门外。

生活总是以各种方式教我们成长，有些事情经历了才知道真伪，但为时已晚；有些看似宽敞的路走到尽头才发现已经无路可走，但也没有折回去的余地；有些人错过了才知道珍惜……人生总是有太多的遗憾。

二十几岁的选择是决定我们后半辈子人生的关键，年轻人要注意吸收前人在人情世故方面的经验，及时调整自己，放弃那些不切实际的想法，让自己在处理人情世故方面更加游刃有余。

——这就是本书所要讲述的主旨要义。

本书将帮助你在惶惑、烦恼、痛苦和失落时，从前人经验中获取前进的智慧；在面对青春的烦躁、感情的混乱、事业的迷茫时，点亮理性的明灯；在面临挑战、遭受挫折、感到无望、心情沮丧时，汲取奋斗拼搏的力量。

本书为二十几岁的年轻人精心提炼的每一条人情世故经验都以寓意深远的哲理点拨，挖掘人生深层的内涵，阐释人生的智慧和生活的哲理，让你在轻松阅读中陶冶心灵，领悟成功的真谛，把握人生的正确航向。

目录
CONTENTS

做自己的人生设计师 …………………………… 1

选择正确的前进方向 …………………………… 5

生命靠自救 ……………………………………… 7

经历比学历更重要 ……………………………… 10

选择能真正鼓舞你的理想职业 ………………… 13

让素养帮你打赢第一仗 ………………………… 16

只有你关心别人，别人才会关心你 …………… 19

诚实地回答面试的问题 ………………………… 22

面试中应回避的错误 …………………………… 23

在求职过程中成功地进行自我推销 …………… 26

使自己成为雇用者追逐的目标 ………………… 30

变消极等待为积极争取 ………………………… 34

反省是成功的加速器 …………………………… 38

摒弃偷懒的习惯 ………………………………… 40

向能人学习，取长补短 ………………………… 42

做事不必在乎大小 ……………………………… 45

当精明人不如做"傻子" ……………………… 47

别让才华误了前途 ……………………………… 49

没有人喜欢"牢骚王" ………………………… 51

在工作中广交朋友，以免人到用时方恨少 …… 54

新官上任要烧好"三把火" ……………………56

别在朋友面前表现得更优越 …………………60

赞美别人是成功的阶梯 ………………………62

用赞美去改变别人 ……………………………64

做公司需要的事 ………………………………65

把公司的事当作自己的事 ……………………68

与上司步调一致 ………………………………71

主动与领导沟通 ………………………………74

每天多做一点点 ………………………………78

千万不要让怒气左右你的工作 ………………80

不妨听听别人的劝谏，这也许对你的工作有帮助 ……82

做事留余地，经营有技巧 ……………………84

放下身份，路会越走越宽 ……………………85

在上司面前，不要把话说得太满 ……………87

保持自我本色 …………………………………89

羡慕别人不如羡慕自己 ………………………91

忠诚是做人的一面金字招牌 …………………93

选择诚信才会拥有快乐 ………………………95

不怕犯错，才能不犯同样的错 ………………97

别把自己看得很了不起 ………………………100

刚愎自用害处多 ………………………………102

卖弄才学不可取 ………………………………104

把握露与不露的分寸 …………………………106

哥们儿义气害人害己 …………………… 109

不讲规则的人不会受欢迎 ……………… 112

不要把"世故"当作"成熟" …………… 113

苛求完美就是虐待自己 ………………… 116

既要敢冒险，又要减少风险 …………… 120

不因利小而不为 ………………………… 122

世界没有绝对的公正 …………………… 125

良好的人际关系会带给你更多的机会 ………… 128

良好的印象是打开交往大门的一把钥匙 ………… 131

注重穿着服饰有利于打造良好的个人形象 ………… 133

站要有站相 ……………………………… 138

坐要有坐相 ……………………………… 141

通晓人情好处多 ………………………… 143

千里送鹅毛，礼轻情义重 ……………… 146

送礼，关键是要会送 …………………… 148

送人情一定要恰到好处 ………………… 151

让自己能为别人所用 …………………… 153

和批评你的人交朋友不见得是坏事 …………… 154

分清工作和友情的关系 ………………… 156

人有千般，脸有万变 …………………… 158

低调是一种境界 ………………………… 160

抱怨别人不如改变自己 ………………… 162

小心突然升温的友情 …………………… 165

善待他人，善待自己 …………………………… 167

不要为了迎合别人而活着 ……………………… 171

走自己的路要执着 ……………………………… 174

识时务者为俊杰 ………………………………… 177

没有机会，就创造出一个来 …………………… 182

把"烫手的山芋"变为礼物送给别人 ………… 191

根据对方实力的强弱采取相应的对策 ………… 193

为自己塑造最不易受欺侮的形象 ……………… 195

对人不要有偏见 ………………………………… 198

具备走钢丝绳与拿平衡木的本事 ……………… 201

学会与人相处 …………………………………… 205

学会分享，实现共赢 …………………………… 209

竞争中要有一点礼让的精神 …………………… 212

要善于与人合作 ………………………………… 214

采用容易打动对方的求人技巧 ………………… 216

看准时机再下手 ………………………………… 219

掌握良好的协作和沟通技巧 …………………… 224

精心维护"关系网" …………………………… 227

做自己的人生设计师

周梅刚大学毕业就被未来压得喘不过气来了。她说："我开始意识到必须在步入30岁之前找一份好工作，嫁个好老公，实现所有的目标。"

周梅以为现在已该明白自己想要什么样的工作了，可她却两手空空，一无所获，甚至不知道自己想在哪里生活。她似乎第一次听到父母说："那么接下来你想怎么办？"她也不知道该如何回答。这一切让她觉得自己是个失败者。周梅还非常担心她和男友之间的关系，因为那使她更加难以做出决定。她不想离开他去另一个城市，然而这就意味着让一个男人左右她的决定，她听了太多母亲对这一点的负面评价。尽管周梅还没有开始工作，她已经开始担心在创业中还要忙着结婚生孩子了。毕业时，想到不用再通宵复习和在宿舍里吃饭了，她感到了解脱，然而对于进入人生的下一章，她感觉还没准备好。

像周梅一样，不断有人告诉年轻人"你就要开始整个人生了"，然后询问他们的打算。尽管前景激动人心，但由于选择太多，他们对如何选择不知所措。他们期望很多，却不知如何开始。生活中，很多人的话使我们不能确定自己想要什么。或许是一位老师说的"你可以成为任何你想成为的人"；或许是母亲说的"我知道你会比我更有成就"；或许是在电视节目中，你看到一个女强人衣着光鲜、事业有成；或许是在爱情电影中，你看到一个女孩被一个帅气十足的白马王子用马车接走。你在脑海中勾画出想做和不想做的事情，形形色色的人则巩固了这些画面。让人气恼的是，世界上却没有这样一个水晶球，能帮你揭示真正想要什么和最适合做什么。

不管别人给我们造成什么影响，我们都得自己去发现自己想要什么。父母或许会站在路边为我们呐喊助威，却不能告知我们的需要。即使他们认为很了解我们，我们还是得自己去挖掘自己的需求。另外，父母的目标通常更为简单和明确：赚更多的钱，过上比他们更好的生活。即使父母不给我们压力让我们自己做出决定，其他人也会，比如社会、同龄人，最可能的则是我们自己。

很多因素都让你难以回答"我想要什么"这个问题。其中最大的障碍之一是期望，因为它带来了"应该成为什么"或"该做什么事情"的压力。你有什么样的期望呢？通常人们的反应是："太多了，我什么没有期待过啊？"一个女孩振振有词地说："在30岁之前，我的生活应该丰富多彩，成就斐然。我应该嫁给一个睿智的成功男士，同时确保他不是个穿错袜子的人。我应该超越母亲的成就，但并不质疑她的选择。我应该成为父亲眼中聪明伶俐、多才多艺的小明星。我应该饱含奋斗激情，富有竞争力，但同时保持女性温柔的一面。我应该……实现一切。"

实现这些期望会不会让你永远发现不了自己想要什么，永远不能以你真正所需为基础设立目标？或者让你总是围绕他人的期望设计人生，永远都不花点时间发现自己的真正所需？要排除期望这个障碍，首先得找到它的根源。在你的成长过程中，各种信息像野火扑面而来，你在此基础上建立起自己的信念体系，形成了对生活的基本看法。这些信念体系让我们在考虑问题和采取行动时，以"我应该"而不是"我想要"为出发点。结果是什么？难道我们活着就是为了实现这些期望？

26岁的特丽莎对自己的生活现状很不满。从大学毕业，取得市场营销文凭后，她不断地跳槽，也从未发展过一段认真的感情。特丽莎最近开始了一份女服务员的工作，对此，她羞于承认，因为这份工作不符合她对生活的憧憬。在成长过程中，她心目中最大的英雄——她的父亲总是告诉她，她是"拥有灿烂未来的聪明女孩儿"。他曾颇感自豪，因为他能把女儿送进顶尖大学，从而保障她得到一份辉煌的事业。自从父母离婚后，母亲曾热切地为她策划过婚事，她告诉特丽莎她是受异性吸引的"焦点"，只要走出去，就能找到合适的男友。

特丽莎小的时候很喜欢看电视。《聊天秀》以及《家庭纽带》等节目加深了她的信念——女性可以兼顾事业和家庭。"我总是想开始一段辉煌的事业以及一份认真的感情。为此，我尝试通过一个中介公司找工作，我还采纳了朋友的建议，在婚介网站上注册。"特丽莎在诉说这些的时候，像是在描述如何做根管治疗。当朋友问她是否为追求更伟大的事业或者爱情而兴奋时，她说："并不怎么兴奋。我挺喜欢现在的简单生活，也不期待长时间工作或者约会。"

"那你为什么还在追求这些呢？"朋友问她。

她滔滔不绝地说起来："我觉得自己应该有一份很好的工作，这样才能走向辉煌的事业，才能实现自己的价值。我还想找一个男人建立一个家庭，所以我应该开始约会了。我还有其他想做的事情，比如去意大利旅游，但我没有做，因为它们会让我的生活脱离正轨。天哪，我现在把想法大声说出来了，这听起来真是荒谬！但我怕自己穷困孤独地死去——或者让我父母以及自己失望。"

像很多人一样，特丽莎的信念是由环境塑造的，她并不以自己的真正所需为荣。影响我们信念的信息来源很多：熟悉的场所，比如家庭和学校；公共媒体，比如公告板和电视节目。因为缺乏实际生活经验和成熟思想帮助我们辨别真伪，人就将信念建立在所见所闻上。

26岁的莉西亚是一个来自巴尔迪莫的协调员。她认为在发现自己需求的过程中，她苦苦挣扎的主要原因是："社会和媒体不断地用理想的形象轰炸我们——不论是事业，还是体形、时尚，甚至包括你开的车，一切都要求理想化。吸收了这些灌输的信息后，在估量自身的价值时，我们就难以按自己的想法思考。"

你必须做一些调查，确定有哪些信念是自己的。为此，第一步就是要全面检测自己的信念体系。信念深深地印在你脑海中。这项练习旨在帮你认识自己有什么样的信念。我们经常意识不到自己有什么样的信念，因此要想一想并把它们写下来。

这项练习要求你写下一个信念清单。每一项用"我相信"开头。比如，你可以写："我相信上帝"或者"我相信如果我有一份很好的工作，父母会更为我骄傲"。试着至少写下10个信念。继续写，越多越好。下一步，浏览一下你的清单，突出一下那些你认为已经根深蒂固的信念。你的信念体系中有些并不符合你自己，或者并不是你真正所需的，现在是重塑信念的时候了。这些信念让你生活在期待中，但这不是你想要的生活。在每一项着重突出的信念旁边，写下一项新的你真正的信念。

完成这项练习后，将它保存好。我们鼓励你重新读一读，然后加上一些新的信念。这个练习可以帮助你加深这些新信念，摆脱人生的陷阱。

选择正确的前进方向

通往罗马的路不止一条，但每一条路都会有不同的走法，你必须选择正确的前进方向，这样你才能成功地到达人生的幸运终点。

很多人经营一种行业或做一种工作极为成功，但去经营新的行业或做另外一种工作却失败了。这是为什么呢？克里蒙特·斯通认为，这是因为他们凭经验得到技巧，在一行中爬升到顶端，但是进入了另一种行业后，他们却不愿意去寻求新行业所需的新知识和经验。同理也是这种原因导致一个人会在某一项行动中成功，而在另一项行动中失败。

理查·皮可林是斯通的朋友，他是一个了不起的人，是一位品行良好的人。他是人寿保险的法律顾问，事业极为成功，因为他所提出来的建议都是依自拟的问题的答案提出的。他的问题是："什么样的建议对我的顾客最有利?"经过几年之后，由于他还保留他在公司里面的续约佣金，他赚了不少钱。在皮可林先生60多岁时，他决定从芝加哥搬到佛罗里达州。那时候饭店生意很好，虽然他不知道怎样经营饭店，但是他也想要经营一家。而他在这方面仅有的经验只是做一名顾客而已。皮可林先生的兴趣很高，开一家不满意，居然同时开了5家。他卖掉了他的续约佣金权，把一切都投资在饭店上。然而不出5个月，他的饭店关门大吉，他宣布破产。皮可林先生的故事，和那些成功者大手笔地经营一项新行业，而又不愿意获得必需的方法诀窍的情形，可说没什么不同。如果他只是买下饭店，掌管财务，或是为另一位经营饭店的专家工作，他会很快获得知识和经验，而不会失败。

皮可林先生是一位有智慧的人，他是人寿保险行业的佼佼者，但这并不代表他同样可以是酒店行业的佼佼者。因为没有一行的方法诀窍是相同的，各行有各行的门道。如果皮可林先生能够在进军酒店行业时，像他在保险行业一样去努力寻找能指引自己成功的方法诀窍，那么他一定不会失败。

有很多时候，我们所寻找的方法诀窍是来之不易的。也许我们历尽千辛万苦，极力找寻，却发现成功好像仍然遥遥无期。我们是就此止步，还是用积极的人生观来激励自己再度进取？

如果你不相信自己能够做成一件从未有人做成过的事，那么你就永远不会做成它。一旦你能觉悟到外力之不足，而把一切都依赖于自己内在的能力时，那就好了，而且要越早越好。不要怀疑你自己的见解，要相信你自己，作出你的选择。能够带着你向自己的目标迈进的力量，就蕴藏在你的体内；蕴蓄在你的才能、你的胆量、你的坚韧力、你的决心、你的创造精神及你的品性中！

在参加一次全国会议的时候，卡尔听说法斯脱-凯勒塞公司的亚利桑那州分公司要出售。"那真是一次机会，"卡尔后来对他的朋友们说，"但是我不知道该怎样进行这件事情。所需要的金钱数目也很惊人。不过，'你背脊骨很硬——你很行'这句话又闪进我的脑中。"他继续说，"我很喜欢亚利桑那州。我也懂得这一行，我有一股不可抗拒的冲动要去抓住这次机会。我知道我要的是什么，而且我知道我会成功。更重要的是，我很想自己做一些大事。我既然能够为别人做得很好，我当然也可以为自己做得很好。但是我不知究竟该怎样买下这家分公司。其实，除了没有钱之外，我具有一切的条件：知识、方法诀窍、经验、好的名声、了不起的朋友以及在吐桑地区的业务关系。"那么卡尔是如何解决了钱的问题呢？"我有一个朋友在芝加哥哈里斯信托储蓄银行贷款部工作，"卡尔回答说，"他为我介绍了该部门的负责人。哈里斯信托储蓄银行和在凤凰城的河谷国家银行协商，共同提供给我6年期的贷款。另外我有9位朋友也参加了股份。协议规定我可在5年之内任何时间以他们所付出的同样金额买回他们的股份。由于户外运动广告这一行的股份有很多税金和其他的好处，因此，买回这些股份对我和对他们来说都是很有利的。"

卡尔·艾乐的故事告诉我们，要想获得成功，事先不一定要知道前进道路上所遇的问题的答案——如果你的方向没错的话。因为在进行中，你会遇到许多问题并逐一解决它们，重要的是你要相信自己能够选择正确的前进方向。一生总是幸运的人，永远是那些信任自己见解的人，那些敢于想人所不敢想、为人所不敢为的人，那些不怕孤立的人，那些勇敢而有创造力、往前人所未曾往的人。如果你想获得幸运，你必须找出适合自身的方法诀窍。或者是在不断练习中掌握技巧，或者是在经验中摸索捷径……不管你采用哪种方式，你必须知道引领我们驶向正确航道的方法诀窍是来之不易的，是需要我们不断付出努力才能找到的。

生命靠自救

我们做任何事情，都必须本着上不怨天、下不尤人的原则，充分发挥自己的主观能动性。青蛙的自救给了我们这样的启示。

有两只青蛙不小心掉到一桶牛奶中，其中一只认为没有生路了，必死无疑，没挣扎多久，就放弃希望，沉到桶底下。

另一只青蛙，不甘心就此罢休，继续踢动双腿，牛奶经它一再地搅拌，居然逐渐凝结成奶油，等奶油变硬后，青蛙双脚一跃，轻易地跳出了桶子。

船在大海中遇上了突如其来的风暴，沉没了，全船人员死伤无数。一名乘客侥幸地获得一个小小的救生艇而幸免于难，他的救生艇在风浪中颠簸起伏，如同叶子一般被风吹来吹去，他迷失了方向，救援的人也没有找到他。

天渐渐黑下来，饥饿、寒冷和恐惧一起袭上心头。然而，他除了这个救生艇之外，一无所有，灾难使他丢掉了所有，甚至自己的眼镜，他的心情灰暗到极点，他无助地望着天边，忽然，他看到一片片阑珊的灯光，他高兴得几乎叫了出来。他奋力地划着小船，向那片灯光前进，然而，那片灯光似乎很远，天亮了，他也没有到达那里。

他继续艰难地划着小船，他想那里既然能看到灯光，就一定是一座城市或者港口，生的希望在他心中燃烧着，白天时，灯光看不清了，只有在夜晚，那片灯光才在远处闪现，像在对他招手。

3天过去了，饥饿、干渴、疲惫更加严重地折磨着他，好多次他都觉得自己快要崩溃了，但一想到远处的那片灯光，他又陡然添了许多力量。

第4天，他依然在向那片灯光划着，最后，他支持不住昏迷过去了，但他脑海中依然闪现着那片灯光。

晚上，他终于被一艘经过的船只救了上来，当他醒过来时，大家才知道，他已经不吃不喝在海上漂泊了4天4夜，当有人问他是怎么样坚持下来时，他指着远方的那片灯光说："是那片灯光给我带来的希望。"

大家望去，哪里有什么灯光啊，那只不过是天边闪烁的星星啊！

在我们生命的旅途中，一定会遇到各种挫折和困境。这时，只要心头有一个坚定的信念，努力地去寻找，就一定会渡过难关。

世界上从来就没有什么救世主，更没有免费的午餐。著名企业家王永民艰难创业的经历，同样昭示了这样一个道理：不能怨天尤人，只有自己才能真正地拯救自己，发展自己，成就自己。

1984年，王永民带着一台PC机来到了北京，在CC-DOS的作者严援朝的帮助下，将五笔字型移植到了PC机上。王永民在府右街135号地下室7号房间，一住就是两年。"非常苦，一天七元房钱，我都出不起。"

王永民推广五笔字型的方法是一个部委接一个部委讲五笔字型。虽然不少部委在自己的机器上移植了五笔字型，但大批人员需要培训。"谁请，我都去讲；中午有饭去，中午没饭也去；讲三天，讲五天都行。我全部费用自理，一分钱不要。"每到一个单位，都会遇到人说这个输入方法好，说那个输入方法好，"他们要我评价一下别的输入法，我不去说别人的，我说我都研究过，我只说我自己，我没有工夫说别人，也没有兴趣说别人。"

他请长征组歌的曲作者生茂先生把他的98王码助记词谱成了《还是王码好》歌曲，请黑鸭子合唱组用流行歌曲的方式演唱。

正当王永民在地下室受穷的时候，DEC掏出20万美元购买了五笔字型专利使用权。1987年3月6日，王永民从地下室搬到远望楼宾馆。

有一位足球教练，生来就杞人忧天，凡事都从最悲观的角度来看。

有一次，他带着足球队，坐车到另一个球场去和某大学的足球队比赛。一路上他对体育记者不断抱怨："我们怎么会赢呢？坐车坐那么久，早已使我们的肌肉僵硬，全身酸痛。而那里的学生却以逸待劳，天天操练。"

几个星期后，有一支球队到当地和他的球队比赛。这次教练又抱怨道："我们绝无获胜的把握！你看，我们天天操练，每个人都精疲力竭，他们却在车上养精蓄锐，下了车立刻生龙活虎，个个勇猛异常。"

可想而知，这个教练所率领的球队是一支很少打赢的球队。

世上没有上帝，只有自己才能拯救自己。在任何情况下，我们都不要怨天尤人。拯救自我，最终必须靠自己。记住：最大的敌人是你自己！

经历比学历更重要

二十几岁的人，为了刚起步的事业，总是要奔走在大大小小的招聘会上。面对日益严峻的就业形势，他们的心理预期与岗位实际收入难免落差很大。对于造成这种差距的原因，企业和求职者的共识就是：二十几岁的人，普遍缺乏有效的实践经验，难以在短时间完成从学生到员工的角色转变。换句话说，二十几岁的年轻人，他们的学历，远没有经验来得重要。

一次，上海、浙江、安徽以及省内的80家优秀企业抛出1000多个中高层经营管理和专业技术岗位，在南京招揽优秀人才。这些企业的高层人员均表示：中高级人才的工作经验远比学历更受企业重视。

这次交流会是江苏省和南京市联合举办的第十七届经理人才交流

会。招聘部门经理级以上岗位700多个，其中副总、总监级的有200多个。主办方事先有针对性地邀请了省、市高层人才信息库中3000多名高层次人才参会，上海、江苏、浙江等地的500多名MBA学员也进场求职。

让人惊讶的是，招聘企业对学历要求并不高，大多数岗位仅以大专学历作为底线，对年龄要求也比较宽，很多中层岗位45周岁以下都可以。现场招聘的一些企业老总也说，学历并不能说明个人能力，企业最需要的是有丰富经验的专业技术人才。

介强是一名财经类大专毕业生，现在是一名国家公务员。他的经历告诉我们，学历低并不是影响就业的决定性因素，只要你有丰富的经历，并以自己的实力去冲击求职目标，找一份理想的工作并非难事。

介强的各门专业课都学得很棒，还参加了法律专业本科段的全国自学考试，有大学英语四级证书和全国计算机等级考试二级证书，公开发表过一些文章，是学生会干部，在校时也参加了很多社会实践。因此，介强对自己的求职还是很有信心的。

但当介强踏进人头攒动的招聘会场时，却傻了眼，只见每一个摊位的展板上都写着"要求本科以上学历"。介强第一次觉得自己这个专科生是如此没有分量，于是连递简历的勇气都没有了。

第二天，介强调整了心态，认真打理了一下外表，决心以自己丰富的经历和特长去说服招聘方，赢得机会。介强鼓起勇气去应聘省内一家知名企业集团的会计。好不容易挤进人堆，递上求职材料，对方一看是专科生，立即把材料递还介强，说："没看见展板上写的吗？我们要本科以上学历的。"介强赶紧说："您别急，您看我有外语、计算机的等级证书，有很丰富的社会实践的经验，很多的本科生也许还赶不上我呢！"趁对方一愣的瞬间，介强又跟上说："您看，我还发表过不少文章，还是学生会干部，法律本科也快修完了……"招聘人员又接过介强的应聘材料认真看起来，最后说："你这小伙子还真够有韧劲的。你留下来吧，待会儿我们再谈谈。"介强终于以一名专科生的身份挤进了这家大企业，而且是唯一的一个。

不要因为自己的学历低而苦恼、自卑，与其怨天尤人、唉声叹气，不如充分利用在校时间，拓展自己的社会实践经验，提高自己的能力，增加自己在就业市场上的筹码。毕竟，大多数用人单位更看重人的能力，而非学历。

对于二十几岁的人，还必须要说的是：经验不等于能力。

二十几岁的人最重要的事情是干什么？学习是毋庸置疑的。只有通过大学的刻苦学习，学生的专业水平、综合素质、个人修养等方面才能全面提高。但是近些年来招聘单位强调工作经验，特别是对一些人文等很难量化的学科，工作经验更被看重。所以不少二十几岁的人为了积累足够的令招聘单位满意的工作经验，经常耽误正常的学习去打工，甚至托关系、找熟人伪造相关经历。

但在实际工作中经验真的就如此之重要吗？所谓的经验就是一个人具有干某项工作的经历，但一项工作是否能干好，干得很出色，这与干活者的个人能力、创新能力有重要关系。

所以说所谓的工作经验并不能代表一个人的工作能力，对于二十几岁的人更是如此。

选择能真正鼓舞你的理想职业

《圣经》中说，"找到了适合自己的工作的人是有福的"，特别是对现代人来说，竞争更加激烈，找到一份普通工作已非易事，找到一份适合自己的工作就更加困难。因此，这句话更带有真理性，并且更耐人寻味。但是，人就是这么一种奇怪的东西，在几乎所有民族中，在几乎每一个年龄段，你总会发现有一些人对自己的职业、工作表示不满和抱怨。

对于有的人来说，不管他们所从事的是脑力劳动，还是体力劳动，他们都不喜欢。因为他们是一些喜欢游手好闲、好吃懒做的人。对一个不喜欢工作和劳动的人，你能指望他做出什么呢？除了失败和平庸，他们一生之中是不会做出什么成绩、创下什么事业的。懒惰乃是万恶之源，一定要牢记：一日劳作，可获一日安眠；终生劳作，可获一生幸福。

然而，在现实生活中，许多人没有取得成功，并不是因为他们懒惰，并不是因为他们好逸恶劳，而是因为他们在开始的时候，迈出了错误的一步，选择了错误的职业。人们通常把这种情况称之为对某一工作"不合适"或者说"不能胜任"。

能自由自觉地选择职业，这是人比其他生物优越的地方，但是这同时也是可能毁灭人的一生、破坏他的一切计划并使他陷于不幸的行为。因此，认真地考虑这种选择，无疑是开始走上生活道路而又不愿拿自己的前途和命运去碰运气的青年的首要责任。

每个人来到世间，都是有着神圣的使命和职责的。这个使命和职责究竟是什么？这必须由他自己去寻找、去决定。也就是说，每个人内心里都应该有一个目标，这个目标至少在他本人看来是伟大的。这个目标，就是我们心中的一盏明灯。有了这盏明灯，我们就有了一个可靠的精神支柱，在岁月的黑暗与迷雾中，就有了选择正确道路的根据，而不至于徘徊不前，茫然不知所措，甚至迷失方向。如果没有目标或者说目标不明确，那么，人生就像一条燃着的湿绳，烟雾缭绕，没有亮光。

在确定目标时，也许，我们的理性会陷入迷雾，幻想油然而生，我们的感情激动起来，我们的眼前浮想联翩，我们狂热地追求我们以为是神给我们指出的目标；但是，这种理性受到蒙蔽后所选择的东西很快就使我们厌恶——于是我们的整个希望也就毁灭了。

因此，我们应当认真考虑：所选择的职业是不是真正使我们受到鼓舞？我们的内心是不是同意？我们受到的鼓舞是不是一种理性的迷误？我们认为是神的召唤的东西是不是一种自欺？但是，不找出鼓舞的来源本身，我们怎么能认清这些呢？

在求职择业的时候，进行比较长远的考虑也是非常必要的。对现在的你来说，十年后是个遥远的未来。但是，何不试着预测一下十年后的你会如何呢？十年后你会从事什么样的工作？是否幸福、满足呢？一旦考虑到这些长期性的问题，就必须列出一串对你而言具有魅力的职业清单。接着，还要把几项主要的因素考虑进去，然后了解这些职业的生活形态，有什么样的特征。例如，会不会像海洋生物学者和考古学者一般，就业机会很少？有无地理上的限制？地质学者为了要找寻新的矿床，必须长期离开家庭，那样的条件和你理想中的家庭生活协调吗？如果你没有特别感兴趣的职业领域，我建议你选择工作机会不受地区限制的职业。那样子，即使搬去别的地方，学到的技艺还是伴随着你。大多数的医生想移民到外国都是很困难的事，因为医生的教育有很严格的规定，并且几乎每个国家都不相同。

在求职择业的时候，一定要多听别人的建议，避免以下误区：

①只注重收入。有些人出于经济方面的考虑，去从事那些低贱的，甚至其正当性还值得怀疑的职业。这样，他们就出卖了自己，出卖了自己的人格，出卖了自己的身体，出卖了自己的才智，甚至出卖了自己的灵魂。世界上确实有许多年轻人，他们本来是可以大有作为的，可是他们为了满足一时的欲望和快乐，自甘堕落，甚至做出一些伤天害理的事情。这种不明智的选择是极为可悲的。

②追求虚荣。我们的使命绝不是求得一个最足以炫耀的职业，因为它不是那种使我们长期从事而始终不会感到厌倦、始终不会松劲、始终不会情绪低落的职业；相反，我们很快就会觉得，我们的愿望没有得到满足，我们的理想没有实现，我们就将怨天尤人。

但是，不只是虚荣心能够引起对这种或那种职业突然的热情。也许，我们自己也会用幻想把这种职业美化，把它美化成人生所能提供的至高无上的东西。我们没有仔细分析它，没有衡量它的全部分量，即它让我们承担的重大责任；我们只是从远处观察它，而从远处观察是靠不住的。

③超越体质的限制。在我们所能选择的可能性范围内，不要从事那些损害你的健康的职业。我们的体质常常威胁我们，可是任何人也不敢藐视它的权利。诚然，我们能够超越体质的限制，但这么一来，我们也就垮得更快。在这种情况下，我们就无异于冒险把大厦建筑在松软的废墟上，我们的一生也就变成一场精神原则和肉体原则之间的不幸的斗争。

对于体质不适合我们的职业，尽管我们不能持久地工作，而且工作起来也很少有乐趣，但是为了恪尽职守而牺牲自己幸福的思想还是会激励着我们不顾体弱去努力工作。如果我们选择了力不胜任的职业，那么我们决不能把它做好，我们很快就会自愧无能，并对自己说，我们是无用的人，是不能完成自己使命的社会成员。由此产生的必然结果就是妄自菲薄。还有比这更痛苦的感情吗？还有比这更难于靠外界的赐予来补偿的感情吗？妄自菲薄是一条毒蛇，它永远啮噬着我们的心灵，吮吸着其中滋润生命的血液，注入厌世和绝望的毒液。

如果我们错误地估计了自己的能力，以为能够胜任经过周密考虑而选定的职业，那么这种错误将使我们受到惩罚。即使不受到外界指责，我们也会感到比外界指责更为可怕的痛苦。

如果我们把这一切都考虑过了，如果我们生活的条件容许我们选择任何一种职业，那么我们就可以选择一种使我们最有尊严的职业；选择一种建立在我们深信其正确的思想上的职业；选择一种能给我们提供广阔场所来为人类进行活动、接近共同目标（对于这个目标来说，一切职业只不过是手段）即完美境地的职业。

让素养帮你打赢第一仗

应聘是我们进入社会的第一次亮相，它为我们以后的发展奠定了基调，也决定了我们进入社会的起点，这个起点将会影响我们职业生涯的最高成就。

良好的职业素养，对于打赢第一仗至关重要。

不要认为在工作中说话得体、做事眼明手快就可以了，如果没有职业素养，可能连入门的机会都会失去。

作为公司老总，我经常会亲自招聘员工，曾有两名应聘者给我留下了深刻的印象。

第一位是研究生，有才气，文笔也好，尽管我很欣赏她，但却迟迟下不了决心录用她，因为虽然她已经30岁了，但却处处显示与她年龄不符的幼稚。

她说她曾经当过一天老师，但一天下来她因为学生的顽皮而委屈得大哭。这让我很担心她的承受能力。接着她又说自己正在进修英语，犹犹豫豫地问我，她如果到公司上班，英语要是落下了该怎么办？

如果你是一个老总，面对这样没有主心骨的应聘者，你会录用她吗？虽然我觉得她很幼稚，但看在她很有才气的份上，决定给她一次机会，让她回家好好准备一下，第二天8:30来复试。

第二天8点钟我到了办公室，可是到了8:30，还不见她的人影，又等了十来分钟，我接到了她给我发来的一条短消息：

"对不起，路上堵车，我要晚到半个小时，请您等我一下。"

就在这一刻，我决定，哪怕她才气再高，也不会录用她，因为她连基本的职业素养都不具备。守时是做人最基本的准则，哪有应聘者会让老板等她？

另一个到我公司应聘的女孩是一个本科生，在和我谈话的时候，她很自然地将自己所学的专业与公司的需要结合起来，告诉我她的特长是什么，可以为公司的发展做哪些贡献。

这个本科生说起话来有条不紊，句句紧扣自己可以为公司做什么，这让我当场决定录用她。

一个是研究生，一个是本科生，两人同到公司来应聘同一个职位，看起来研究生应该比较有优势，但为什么结果却是本科生赢了研究生？关键之处就在于职商！

你也许才高八斗，你也许学富五车，但你一定要明白：知识不等于素养。即使你智商很高，但如果没有职商，还是会在职场上撞墙，许多珍贵的机会甚至会白白溜走。

机会是由自己的素养决定的，这种素养不仅仅指一个人的学识，更多的是指内在的品质与修养。

曾经有两个人同时到我的公司应聘，两个人都很有能力，我一时间也不能决定该选哪一个。

在和他们闲谈时，我无意中提起最近要做的一个项目，但目前还一点计划都没有。之后我让他们先回去，我考虑一下再给他们答复。

两天以后，我接到其中一个应聘者打来的电话，他说几天前听我无意中说起过的那个项目，他利用这两天时间做了一个完整的计划，已经发到了我的邮箱里，让我看一看是否可用。

而另外一个应聘者则什么也没有做，就在家里等消息。最后，我决定录用那个写出计划书的小伙子，并把那个项目交给他负责。

为什么我会录取他？就在于他很主动。这反映了一个人的素养，也就是俗话说的"眼里有活儿"。当没有对比的时候，也许你是最好的。但如果有了比较，那个多走了几步的人，才是胜利者。

金利来的老总曾宪梓曾经为挑选公司的总务想出了一个测试的办法：一天早晨，他在自己写字楼里的地上故意放了一堆报纸，扔了一把扫帚。第一个前来应聘的人，经过楼道的时候，连看都不看，直接就走进曾宪梓的办公室。曾宪梓当时就对他说：

"行了，你可以回去了。"

后来的一个应聘者，经过楼道时看到横在地上的扫帚，就把它拿起来放到一边；看到地上的报纸，就一张张捡起来整理好。而这一切，都被曾宪梓看在眼里。

等应聘者到了办公室，曾宪梓就对他说：

"行了，你被录取了。"

当应聘者还不明所以的时候，曾宪梓告诉他：

"刚才就是在考你。"

不要以为只有进了招聘的大门，考试才真正开始，其实最能考验一个人素养的，正是平常的一件件小事。

只有你关心别人，别人才会关心你

当你去一家单位应聘时，一定要事先对对方有一个全面的了解。如果你连用人单位的基本情况都不了解，单位又怎么能下决心录用你？

我们公司曾经要招聘几个员工，很多人都发来了简历，经过筛选，我挑选了几名看起来不错的人来面试。

我对其中的一份简历非常感兴趣，觉得这个女孩各方面条件都比较符合公司要求，于是特别让办公室主任给她安排了一个小时的面试时间。在来之前，特别叮嘱她要好好看我们机构的网站，这样在谈到工作的时候，才更有针对性。

第二天，离约定面试时间还有半个小时的时候，女孩就到了。但正式面试时，我问了她对我们机构文化和项目的理解，却发现她对此一无所知，很明显，她根本没有花时间了解我们公司。

因为没办法将自己的长处和公司的发展相结合，她的介绍就显得有些无的放矢，本来想给她一个小时表现自己，结果不到20分钟就结束了。

后来办公室主任在送她出去的时候说："你为什么不好好准备一下呢？我已经告诉你要看一下我们的网站啊。你能早到是很好，但是你为什么不能拿这早到的时间，先去上网了解我们呢？"

这次失败的应聘，使我不禁联想起自己多年前去中国青年报社应聘的事。

那时我还在海南，中国青年报社驻海南站正好要招聘一名记者。记者是个很热门的职业，当时递简历的人很多，差不多有近百人。

虽然我曾经发表过很多作品，也得过一些奖，但在海南这个人才济济的地方，我的这些成绩根本算不得什么。我想，怎么才能从这么多应聘者中脱颖而出呢？

兵法有云："不打无准备之仗。"我打算对《中国青年报》进行全面的了解。本来在此之前我对它也并不陌生，是它多年的读者，但为了这次应聘，我还是花了整整一个星期的时间，到图书馆将近两年的《中国青年报》都找了出来，认真地读了一遍。

面试的时候，我被安排在第3个。和考官交谈的时候，我所表现出来的对报纸的熟悉程度，让所有考官们都很意外。

在谈话结束时，招聘的主要负责人当场就决定录用我，他说："那就定你了，后面的应聘者我们就不看了。"

就这样，我用一个星期的时间，赢得了唯一的招聘名额。

和那个来我公司应聘的女孩比，她连短短的半个小时都不愿意花，而我却用了整整一个星期的时间，谁成功？谁失败？自然是不言而喻。

这就是"知己知彼，百战百胜"。作为一个应聘者，在你去用人单位面试前，就应该对该单位做一个全方位、深入的了解。

这样不但能使你自己胸有成竹，能有针对性地回答问题及提出意见，也能使用人单位感受到你的诚意，快速地与你消除陌生感，拉近距离。

当用人单位感觉到自己被尊重的时候，对你的好感自然就多了几分。所以，不要总是急于推销自己，要知道，了解他人是推销自己的前提！

很多人在求职的时候，总会发一大堆简历给各个公司，到最后都不知道到底发了多少份、都发给谁了。当单位打来电话通知自己去面试的时候，甚至很茫然，连是哪家公司都不知道。

不知道你有没有碰到过这种情况：当有人给你打电话约你去面试的时候，你用一种很困惑的声音回答："请问您是哪个公司？"

对你而言，只是想确定一下，但对用人单位而言，你的分数马上就下去了一大截。

只有你对用人单位关心，用人单位才会关心你。我这里所说的"关心"，不是曲意奉承，不是讨好卖乖，而是一种尊重。

当你去面试的时候，你一定要让用人单位感觉到被尊重。哪怕你的专业技能略显薄弱，也会因为你对他们的尊重，而为你增加不少分数。

诚实地回答面试的问题

1908年4月，国际函授学校丹佛分校经销商的办公室里，成功学大师正在应征销售员工作。

经理约翰·艾兰奇先生看着眼前这位身材瘦弱，脸色苍白的年轻人，忍不住先摇了摇头。从外表看，这个年轻人显示不出特别的销售魅力。他在问了姓名和学历后，又问道：

"干过推销吗？"

"没有！"成功学大师答道。

"那么，现在请回答几个有关销售的问题。"约翰·艾兰奇先生开始提问：

"推销员的目的是什么？"

"让消费者了解产品，从而心甘情愿地购买。"戴尔不假思索地答道。

艾兰奇先生点点头，接着问：

"你打算对推销对象怎样开始谈话？"

"'今天天气真好！'或者'你的生意真不错！'"

艾兰奇先生还是只点点头。

"你有什么办法把打字机推销给农场主？"

成功学大师稍稍思索一番，不紧不慢地回答："抱歉，先生，我没办法把这种产品推销给农场主，因为他们根本就不需要。"

艾兰奇高兴地从椅子上站起来，拍拍戴尔的肩膀，兴奋地说："年轻人，很好，你通过了，我想你会出类拔萃的！"

艾兰奇心中已认定戴尔将是一个出色的推销员，因为测试的最后一个问题，只有戴尔的答案令他满意，以前的应征者总是胡乱编造一些办法，但实际上绝对行不通，因为谁愿意买自己根本不需要的东西呢？

其他参加面试的人当然也知道"把打字机推销给农场主"难于上青天，但是，为了应付面试，他们不敢说实话，恐怕被人怀疑自己的能力。而那些敢说实话的人，不但表现了自己的诚实，更展示了自己的自信。

面试中应回避的错误

①**冷场**。面试开始时，应试者不善于打破沉默，而是等待面试官打开话匣。面试中，应试者又出于种种顾虑，不愿主动说话，结果使面试出现冷场。即使能勉强打破沉默，语音语调亦极其生硬，使场面更显尴尬。实际上，无论是面试前或面试中，面试者主动致意与交谈，会留给面试官热情和善于与人交谈的良好印象。

②**与面试官过于随便**。具备一定专业素养的面试官是忌讳与应试者套近乎的，因为面试中双方关系过于随便或过于紧张都会影响面试官的评判。过分"套近乎"亦会在客观上妨碍应试者在短短的面试时间内，做好专业经验与技能的陈述。聪明的应试者可以列举一至两件有根有据的事情来赞扬招聘单位，从而表现出对这家公司的兴趣。

③**对面试官有偏见**。在招聘面试这种特殊的采购关系中，应试者作为供方，需要积极面对不同风格的面试官即客户。有时候，会误认为貌似冷淡的面试官或是严厉或是对自己不满意，因此十分紧张；还

有些时候，看到面试官是一位看上去比自己年轻许多的女生，心中便开始嘀咕："她怎么能有资格面试我呢？"这些负面情绪会左右自己面试中的思维，影响自己应对能力的发挥。

④证明不了自己的能力。当应试者大谈个人成就、特长、技能时，聪明的面试官一旦反问："能举一两个例子吗？"应试者便无言应对。而面试官恰恰认为：事实胜于雄辩。在面试中，应试者要想以其所谓的沟通能力、解决问题的能力、团队合作的能力、领导能力等取信于人，唯有举例。

⑤缺乏积极的应变能力。面试官常常会提出或触及一些让应试者难为情的事情。很多人对此面红耳赤，或躲躲闪闪，或撒谎敷衍，而不是诚实地回答、正面地解释。比方说面试官问：您为什么5年中换了3次工作？有人可能就会大谈工作如何困难，上级不支持等，而不是告诉面试官：虽然工作很艰难，自己却因此学到了很多，也成熟了很多。

⑥抨击以前的领导或公司。有些应试者面试时各方面表现良好，可一旦被问及现所在公司或以前公司时，就会愤怒地抨击其老板或者公司，甚至大肆谩骂。在众多国际化的大企业中，或是在具备专业素养的面试官面前，这种行为是非常忌讳的。

⑦不善于提问。有些人在不该提问时提问，如面试中打断面试官谈话而提问。也有些人面试前对提问没有足够准备，轮到有提问机会时不知说什么好，而事实上，一个好的提问，胜过简历中的无数笔墨，会让面试官刮目相看。

⑧没有明确的个人职业发展计划。对个人职业发展计划，很多人只有目标，没有思路。比如当问及"您未来5年事业发展计划如何？"

时，很多人都会回答说："我希望5年之内做到全国销售总监一职。"如果面试官接着问："为什么？"应试者常常会觉得莫名其妙。其实，任何一个具体的职业发展目标都离不开你对个人目前技能的评估以及你为胜任职业目标所需拟订的粗线条的技能发展计划。

⑨隐瞒弱点。面试官常常会问：您性格上有什么弱点？您在事业上受过挫折吗？有人会毫不犹豫地回答：没有。其实这种回答常常是对自己不负责任的表现。没有人没有弱点，没有人没有受过挫折。只有充分地认识到自己的弱点，也只有正确地认识自己所受的挫折，才能造就真正成熟的人格。

⑩误入"圈套"。面试官有时会考核应试者的商业判断能力及商业道德方面的素养。比如，面试官在介绍公司诚实守信的企业文化之后（或索性什么也不介绍），就问："您作为财务经理，如果我（总经理）要求您1年之内逃税1000万元，那您会怎么做？"如果你当场抓耳挠腮地思考逃税计谋，或文思泉涌，立即列举出一大堆方案，都证明你上了他们的圈套。实际上，在几乎所有的国际化大企业中，遵纪守法是员工行为的最基本要求。

⑪表现得对薪酬过于关心。有些应试者会在面试快要结束时主动向面试官打听该职位的薪酬福利等情况，结果是欲速则不达。具备人力资源专业素养的面试者是忌讳这种行为的。其实，如果招聘单位对某一位应试者感兴趣的话，自然会提及其薪酬情况。

⑫不知如何收场。很多求职应试者面试结束时，因成功的兴奋，或因失败的恐惧，会语无伦次，手足无措。其实，在面试结束时，作为应试者，你不妨表达你对应聘职位的理解；充满热情地告诉面试官你对此职位感兴趣，并询问下一步是什么；面带微笑地谢谢面试官的

接待及对你的考虑。

在求职过程中成功地进行自我推销

在市场经济条件下，在激烈的竞争环境中，尤其面对人才市场的激烈竞争，一个人要跻身于人才之林，使自己更容易得到最佳发展空间，更充分地展现和奉献自己的聪明才智，显示出自己人生的价值，就必须主动地自我推销，这是十分重要的。

①自信是求职、成功地推销自己的第一秘诀。不论你希望从事什么职业，在求职过程中成功地进行自我推销都要首先除去对该种职业的敬畏心理。要认为自己有资格担任那项工作，如果被雇用的话，会做得很好。这是求职必须做的一项心理准备。

成功学大师戴尔在一段时间实践了推销教学课程的工作之后，想再找一份推销员的工作。他换上崭新的衬衫，认认真真地打好领结，把皮夹克刷得干干净净，擦亮皮鞋，信心十足地走进了阿摩尔总公司的办事处。

阿摩尔公司的总裁洛佛斯·海瑞斯是一个典型的美国西部老头，行动迟缓，似乎与做事喜欢雷厉风行、干净利落的成功学大师格格不入，但是他工作的认真精神正是戴尔所钦佩的地方。

"年轻人，我不管你以前干过什么工作，因为在我这里你还没有开始，你必须接受一个月的职前训练。"海瑞斯两道深邃的目光审视地看了戴尔一眼，他对这个精神抖擞的年轻人印象不错。

"但是先生……"

"没有什么'但是',你从明天起周薪十七块三十一分,开始推销时外加食宿及旅费。"海瑞斯以不容置疑的口吻显示出他认真工作时的非凡魄力。

"抱歉,先生,我宁愿另寻他处。"成功学大师尽管急需一份工作,但年轻人的血气方刚似乎不能容忍海瑞斯这种独断专行的指令方式。他一边说着话,一边转身准备离开办事处。

"等一等,年轻人!"也不知是出于什么原因,海瑞斯扔掉烟头,站起来挽留成功学大师,凭直觉他感到这个年轻人一定能成长为出色的推销员,便语气温和地说:

"年轻人,不,成功学大师先生,我不得不告诉你,通常在我公司的求聘者只能按我的旨意行事,但这次我破例,愿意先听一下你的意见。坐下来谈吧。"

成功学大师蓦然觉得自己刚才太无礼,冲撞了好心的海瑞斯。实际上,每周十七块三十一分再外加食宿、旅费的薪资是相当不错的待遇了。

成功学大师解释了他离开的原因,一个月的职前培训不符合他的工作风格,他希望能立即投入工作,不想耽误一分钟。

海瑞斯听完戴尔的解释,看着这个瘦弱的年轻人,一丝钦佩之情不觉油然而生,从心里感到这个青年人多多少少有点与众不同。

海瑞斯犹豫了许久,反复考虑着成功学大师诚恳的建议,最后提起笔,迅速写下一行连体字,递给成功学大师:"成功学大师,南达科他区西部。"

这就意味着成功学大师凭借着自身的自信说服了海瑞斯,找到了工作。

②知己知彼，有备无患。除了心理准备，求职时还要做好以下准备。

掌握对方的基本情况。诸如用人单位的过去、现状以及发展趋势、目前的经营状况、优势或存在的问题等，同时要了解单位的人员结构、人才政策及对人员的具体要求，了解越多越有助于求职的成功。

搜集职业信息。获得的信息越广泛，求职的视野越宽阔，职业信息质量越高，获得理想职业的把握也就越大。

建立个人业务档案，注意积累求职资本。求职资本既包括自己的学历、知识、技术、工作经验，也包括思想、品德、作风及多方面的适应能力和人际交往能力。

③掌握面试的技巧。对每个人来说，面试无疑是向用人单位展示自己的才华、表现自己的个性、进行自我推销的极好机会。参加求职面试要注意以下几点。

全面介绍自己。在求职择业的自我推销过程中，要在坚持"实事求是"的原则基础上，全面地向用人单位介绍自己，不仅包括介绍自己的知识、技能、品德素质等方面现已达到的程度，已有的优点，还包括介绍自己的潜能和发展趋势，经过短期努力可能具备的才干。这样，用人单位就会对你的求职条件达到深入全面的了解，而不至于仅仅停留在"姓名、性别、年龄、学历、专业"等粗浅的了解上。

注重服饰打扮。在接受面试前，对自身形象要认真设计一下，使自己的衣着、言语、行动都符合一个求职应试者应有的风貌，因为往往这也是一个用人单位选才的标准之一。要成功地推销自我，就必须从衣着上注意修饰自己的"形象"。首先衣着应与自己相适合。其次，装束打扮要注意与欲求的职业相称，珠宝店的求职者不同于炼钢厂的应征者；想当一个高级化妆品的推销员，在装束打扮上就不同于想当一个清洁工的人。

讲究交谈技巧。在同用人单位主持录用工作人员交往时，应努力运用说话技巧去吸引主持人，学会有条不紊地表达自己的意图。这包括：选择适当的用语，安排妥当的说话内容和顺序；充分注意对方的反应，灵活地调整自己的话语；不要使用有可能伤害话语的威力的"不理想用语"，如无意义的"嗯""呃""这个"等，这些用语会破坏话语的连贯性，使对方感到焦躁；注意少用"但是""不过""可能""大概"等词，这些词加上低头蹙眉的体态语，容易伤害自身的信用度，降低发言价值；少用或不用容易使人产生疏离感的专门术语和容易得罪人的称呼，更不应该用开玩笑的口吻说正经事；等等。这些不适当的用语会使对方觉得你"不实在""不可爱"，并最终影响录用。

在面试交谈过程中专心倾听也很重要。要把眼睛视线对着主持人面部表情的三角区，仔细地倾听对方说话，并不时地以微笑点头的方式或简单的言词来表示自己的态度。如"对！""您说得很有道理。""是吗？"等等，以表示自己是在用心倾听，并且是尊重对方的。

面试交谈时还要注意使用清晰动听的声音说话。说话的声音和语调代表了一个人的气质、修养和文化内涵。面对初次见面的人，说话的速度、声音的高低粗细，有时会比实际内容更能传达一个人的内心思想。因此，在最初见面交谈时，如果能用动听、清晰的声音，并使语音、语调同谈话的内容妥帖地配合起来，那么，就会给用人单位留下一个充满自信和朝气的印象，这样被录取的概率就会大大提高。

充分展示自我。面试时在向用人单位主持人展示自己的知识、才能的同时，不要隐瞒自己对这份工作的极大热忱和兴趣。本来，求职者就应该是很诚恳的，因为无论哪一家公司的老板或经理，用人的第一标准都是能脚踏实地地竭诚为单位服务，而不单单是学历。一个普通的女人应聘教师职务，校长问她为什么当教师？她回答说："小时候我曾有过一个梦想，那就是我要成为一个伟人。后来这个梦想没有实现。于是我又有了一个新的梦想，就是我要成为伟人的妻子，然而这个梦想也破灭了。现在，我产生了第三个梦想，那就是我要做伟人的教师。"她当即被录取了。

在面试中，适当流露出自己对用人单位的赞赏也是十分必要的，有时还可以从该单位业务方面谈谈自己的看法，要谈具体些，这样可表示出自己不仅对该单位很感兴趣，而且还有责任心。

有礼貌地告辞。在临近面试结束时，仍应彬彬有礼地说出自己的直接感受，强调对这次面试机会和主持人的感谢，并有礼貌地告辞。如："×处长，今天能有这个机会向您当面请教，我很感激。""非常感谢×主任的谈话，但愿不久的将来能被录用，为贵公司服务。""您需要的补充材料，我回去后立即送过来，请您给我一个机会。""我可以走了吗？再见！"还可回家之后，马上再写一封短信给面试主持人，表达同样的感谢之意，以加深他的印象。

使自己成为雇用者追逐的目标

1.提高你的雇用价值

现今一般公司都为了在竞争中生存，而将遣散及裁员视为平常的经营策略。因此，你的相应战略就应该是提高工作技术及增加知识。毕竟，要让人家不找你开刀的先决条件，就是先要具备真正的雇用价值。别忘了——你是自己最基本的经济资源。因此，你必须对这项资源多做投资。

①了解公司及老板的需求。

②看看别的雇主有什么不同的需求。

③学习一些将来必会热门的技术。

④决定你自己想要做什么。

⑤考虑各种办法：自己创业、换工作、改行、兼职、弹性工时或是再兼个小差，设法增加自己的收入。

⑥发展新技能，让自己成为有经验的专家。

⑦利用在职教育机会进修或参与研发计划。

⑧制定生涯计划来建立你的开源能力，实行自我投资。

2.让你的雇用价值得到别人的肯定与赏识

有系统且持续的自我推销是保障生活的不二法门。你不能当个不出门的秀才，总等着别人来发掘你；更不能等到被炒鱿鱼时才猛抱佛脚。你平常就应该主动采取行动，让别人知道你拥有的能力。

①把该认识你的人列一张清单：公司老板、同事、其他公司的老板、咨询专家、工会会员、专业组织、慈善机构会员、校友、朋友、邻居、同学、媒体人士、银行家、顾客、俱乐部会员、承包厂商、查税员，甚至是竞争对手等。

②善用各种"出名"渠道：建立人际网络，参与各类组织、大小型会议、社交场合等。

③学习各种专业性的"出名"方式：担任组织的领导人，写些会

让你受到注意的文章或信函，使别人引用你在各种场合说过的话，如演讲、教学、主持调查报告、参加研习会、担任义务咨询等。

④建立你自己的公关网络，让每个网络成员都可成为其他成员的公关代表。

自我推销可保障你在人力市场中占有一席之地，更是用以提高工作稳定感的利器，它可是每个人终身都得学习的功课。你切莫等到失业之际，才仓皇地紧盯招聘广告，四处投寄履历表，或忙着找人拉关系，那就太迟了。

3.保持知识专精与博通的平衡

①拓展学习的渠道。假如你没有太多的时间充实自己，你也许会对以下的消息感到兴奋：市面上已有很多训练、发展自我的机会，如公司或个别团体举办的各种研讨会、咨询、研习营，或者休闲娱乐活动，如爬山（可建立自信）或独处（思考生命重心）等活动。市面上有各种录音带、书籍、产品、课程等。

你可以经由电视广播、互联网、杂志或报纸上的广告获得有关这些活动的讯息。虽然市面上有很多课程或咨询服务，素质却良莠不齐，你最好小心选择。这些材料旨在帮助人们寻求安慰和自我实现，而且有些关于成功之门的论述也很值得阅读。有时候，有些事情好得令人觉得太不可思议，但是，不要抱持全然否定的态度，因为，什么事都有可能发生。

图书馆或书店也值得一提。这些地方是有企图心的人可以善加利用的宝矿，有很多需要用钱买的点子、产品或服务都可以在书店、图书馆用最低的价钱甚至免费取得。最重要的一点是，有一种图书馆的资讯检索是根据"主题"来分类的，这样可以给你更多便利。

近年来，图书馆科技上的进步也是值得一提的。大部分公立或大学图书馆都有电脑网络，可以让你连上更多图书馆的资料库，查询需要的资料。另外，图书馆也有各种光碟资料库，并将之连上网络，便利大家检索。也就是说，当你利用"主题"检索之时，就可能有数万笔最新资料可以参考；而且图书馆现在也比以往更为积极：图书馆工作人员都会主动制作各种资源列表，举办专题演讲，以及积极扩展对外人际网络。

其他学习方式当然包括你自己的读书计划。你要读报纸、杂志、书籍，以随时察觉周围环境的变化；时时采取主动也是有帮助的。你如果遵循自立发展计划，现在就应该有一份清楚的投资项目列表，这样你就更能在特定的事项上全力冲刺。

②尽量使自己成为某一专业领域的专家。不管打算从事什么工作，你都应该尽量使自己成为这一专业领域的专家。市场上一定会有需要这方面专业知识的人雇用你，此时，你会处在较优势的地位，因为竞争较少，可以要求较高的报酬。成为某方面的专家还可以得到更多额外的赚钱机会，如写作及演讲，这些都将有助于自我形象与知名度的提升。

然而对你的个人企业而言，单靠专业知识仍然具有一定的风险，因为你所选择的专业可能没有很大的市场，或者已经快要过时了。在市场很小的情况下，消费者对你的专业价值将会形成压力：因为你的机会有限，即使你具备再多现代化的专业知识，还是会因为市场没有需求而遭到"冻结"。就拿那些和国防工业相关的知识来说，一般市场根本用不到这些专业人才。

世事多变，但唯一可确定的是：改变会持续发生。你若过度依赖某种方法，迟早会步上不切实际的幻想之路，最后还是得因现实环境而做出调整。

③博通各种技能。你可以采取另一种不同的方式学会各种新技能。如果你所选择的技能符合市场需求，那你就会有工作。在个别的公司里，正因为你通晓许多技能，你也总能处变不惊，所以在团队中，你也能如鱼得水。高度的变通性能让你体认并适应新的需求和工作机会。

但是，累积大量的技能需要时间、精力及其他资源；最糟的是，你可能一事无成。然而，当你的对手不属于多才多艺时，他们一定在某项技能上有较深的钻研，如此一来，在公司内，你可能就只能做别人挑剔或不愿意做的工作了。

④掌握变通与专精的平衡。你可以借由"尺蠖（昆虫的一种，常附着于两树枝间以取得平衡）策略"，在变通与专精间取得平衡点：尽量扩展自己，去学习各种新技能，然后将自己所学聚合起来，并逐一熟习其中的每项技能。另一个方法是同时学习一些互相有关联的技能，例如：同时学习基本的电脑知识和电脑语言，这样一来，两种学习还可以互相补充。

变消极等待为积极争取

俗话说："勇猛的老鹰，通常都把他们尖刻的利爪露在外面。"这其实不就是人们去积极地表现自我吗？精明的生意人，想把自己的商品待价而沽，总得先打破条条框框的束缚，奋力去争取每个升迁机会，吸引顾客的注意，让他们知道商品的价值，这便是杰出的推销术。人，何尝不是如此？《成功地推销自我》的作者E.霍伊拉说："如果你具有优异的才能，而没有把它表现在外，这就如同把货物藏于仓库的商人，顾客不知道你的货色，如何叫他掏腰包？各公司的董事长并没有像X光一样透视你大脑的组织。"因此，积极的方法是自我推销，如此才能吸引他们的注意，从而判断你的能力。

当然，由于传统观念的根深蒂固，中国人和日本人一样都有一种极其矛盾的心态和难以名状的自我否定、自我折磨的苦楚。在自尊心与自卑感的冲撞下，他们一方面具有强烈的表现欲，一方面又认为过分地出风头是卑贱的行为。但在21世纪的今天，想做大事业，必须放弃"薄薄的面子"，更新观念，积极为自己创造更多的机会。

1.要学会表现自己

青年人大都喜欢表现自己，但如果表现不好，就容易给人一种夸夸其谈、轻浮浅薄的印象。因此，最大限度地表现你的美德的最好办法，是你的行动而不是你的自夸。所谓"桃李不言，下自成蹊"，就是这个意思。

也许你会说："我数年埋头苦干，兢兢业业，却默默无闻。""现在是干的人不香，说的人飘香。"如果你尝过这种苦头的话，那么，证明你缺乏干的艺术和说的艺术。请你自问一下，别人不愿意做的事情，是否领导都了解？靠别人发现，总归是被动的。靠自己积极地表现，才是主动的。成功者善于积极地表现自己最高的才能、德行，以及各种各样的处理问题的方式。这样不但能表现自己，也能参与吸收别人的经验，同时获得谦虚的美誉。学会表现自己吧——在适当的场合、适当的时候，以适当的方式向你的领导与同事表现你的业绩，这是很有必要的。

2.将期望值降低一点

人有百种，各有所好。假如你投其所好仍然说服不了上司，没能被对方所接受，你应该重新考虑自己的选择。倘若期望值过高，目光盯着热门单位，就应该适时将期望值下降一点，目光盯一个一般的单位；还可以到与自己专业技术相关相通的行业去自荐。美国咨询专家奥尼尔如是说："如果你有修理飞机引擎的技术，你可以把它变成修理小汽车或大卡车的技术。"

3.最大限度地表现自己的美德

人是复杂的、多面的，既有长处，也有短处；既有优点，也有缺点。如何扬长避短，最大限度地表现自己的美德，这是现代青年人必备的素质。聪明人能够使自己的美德像金子一样闪闪发光，具有永恒的魅力。你是否最大限度地表现了自己的才能和美德呢？这可是成功的一大秘诀，它有利于丰富你的形象，有利于你事业的成功。如何最大限度地表现自己的美德呢？请记住"尽善尽美"四字。马尔腾认为："事情无大小，每做一事，总要竭尽全力求其完美，这是成功的人的一种标记。"

人们都想得到一个较高的位置，找到一个较大的机会，使自己有"用武之地"。但是，人们却往往容易轻视自己简单的工作，看不起自己平凡的位置与渺小的日常事务。成功者即使在平凡的位置上工作也能做得十分出色，自然也就能更多地吸引上级的注意。成功者每做一事，都不满于"还可以""差不多"，而是力求尽善尽美，问心无愧。他们的任何工作都经得起"检查"。他们的美德，就是在一件件小事中闪闪发光的。

最大限度地表现自己的美德，这里还有一个度的问题。表现自己而又恰如其分，这既是一种能力，也是一门艺术，它往往体现一个人的修养。

4.适当表现你的才智

一个人的才智是多方面的，假如你想表现你的口语表达能力，你就要在谈话中注意语言的逻辑性、流畅性和风趣性；如果你想要表现你的专业能力，当上司问到你的专业学习情况时，就要详细一点说明，你也可以主动介绍，或者问一些与你的专业相符的新工作单位的情况；如果你想要让上司知道你是一个多才多艺的人，那么当上司问到你的爱好兴趣时就要趁机发挥，或主动介绍，以引出话题。如果上司本身就是一个爱好广泛的人，那么你可以主动拜师求艺。至于表现自己的忠诚与服从，除了在交谈上力求热情、亲切、谦虚之外，最常用的方式是采取附和的策略，但你应尽量讲出你之所以附和的原因。上司最喜欢的是你能给他的意见和观点找出新的论据，这样既可以表现你的才智，又能为上司去教育别人增加说理的新材料。如果你实在想表示与上司不同的意见，不妨采用《史记》中"触龙说赵太后"的迂回的办法。

5.另辟蹊径，与众不同

这是一种显示创造力，超人一等的自我推销方式。

款式新颖，造型独特的物体常常是市场上的畅销货；见解与众不同，构思新奇的著作往往供不应求。独特、新颖便是价值。物如此，人亦然。他人不修边幅，你则不妨稍加改变和修饰；他人好信口开河，你最好学会沉默，保持神秘感，时间越长，你的魅力越大；他人总是扬长避短，你可试着公开自己的某些弱点，以博得人们的理解与谅解；他人自命清高，孤陋寡闻，你应该尽力地建立一个可以信赖的关系网；他人虚伪做作，你要光明磊落，待人坦诚；他人只求得过且过，你则应全力以赴，创一流业绩；他人对上级阿谀奉承，你却以信取胜。倘若你愿意试试以上方法来表现自己，就一定可以收到异乎寻常的效果。

6.推销自己是自然地流露而不是做作地表现

会表现的人都是自然地流露而不是做作地表现。成功者从不夸耀自己的功绩，而是让其自然地流露。在你向领导汇报工作时，不妨说："我做了某事……但不知做得怎么样，还望您多多指点，您的经验丰富。"这样，你好像是在听取领导的指点，而实际上你已经表现了自己，又充分体现了你谦虚的美德。如果你以请功的口气直接向你的领导说，我做了某事，这事很不简单，做起来真不容易，其具有怎么怎么高的价值。这样，就已经损害了你在领导心目中的形象，也降低了你在领导心目中的价值。

反省是成功的加速器

也许，你会说你每天都有忙不完的工作，哪里还有时间反省呢？你再忙，大概也不会比微软的前总裁比尔·盖茨更繁忙吧。而比尔·盖茨就是一个善于反省的人，作为微软公司的总裁，其繁忙程度可想而知，但是无论他多忙，他每周总要抽出一天的时间找个安静的地方独自待一会儿。他用这一天的时间专门思考和反省，反省有无失误，并思考下一步的行动计划。

反省就像为心灵除尘，同时也是对以前的失误做一个盘点，找出好的解决方法，也为下一步的行动确立正确的方向。一个善于自我反省的人，往往能够发现自己的优点和缺点，并能够扬长避短，发挥自己的最大潜能。职场上，持有自我反省、自我修正态度的人，一定能够不断地进步，受到老板的器重。

安华大学毕业后，进入一家普通的公司工作，公司安排新员工从基层做起。基层的工作既枯燥又无聊，初中毕业学习几天都可以熟练操作。其他新员工抱怨不断，唯独安华什么都没说。他每天都认认真真地去做每一件领导交给他的工作，而且还帮助其他员工去做一些最基础、最累的工作。他还是一个非常有心的人，对自己的工作每天都会做详细记录，比如做什么事，出现了什么问题，需要改进的地方，是不是还有更有效的方法，他都一一写下来。如果问题自己不能解决，他就抽时间向老员工请教。由于他非常虚心，别人也都愿意教他。

一年的时间过去了，安华不仅掌握了基层工作的要领，还改进了原本费时费力的工作流程，提高了工作效率。他被提升为车间主任，依然保留着反省的工作习惯。半年后，他成了部门的经理。而与他一起进去的其他员工，却还在基层抱怨着。

无论你多么有才华，都必须经历平凡岗位的磨炼。这时候，如果你不仅不抱怨，还能以自我改变为关键，不断地反省自己，以学习到更多的相关知识，找到更好的工作方法，那么成功一定在不远的地方等着你。

我们都知道英国著名的小说家狄更斯，他不仅作品非常出色，而且是一位高产作家，一生共创作了14部长篇小说，许多中、短篇小说和杂文、游记、戏剧、小品。但是，他对自己却有一个规定，那就是没有认真检查过的内容，绝不轻易地读给公众听。每天，狄更斯会把写好的内容读一遍，发现问题，然后不断改正，直到六个月后才读给公众听。

与此相同的是，法国小说家巴尔扎克也会在写完小说后，花上一段时间不断修改，直到最后定稿。这一过程往往需要花费几个月甚至几年的时间。正是这种不断自我反省、自我修正的态度，让这两位作家取得了非凡的成就。

反省，是二十几岁的人身上最需具备的一种优秀品质，只有经常反省的人才能进步。犹太人习惯于在周六长时间反省，因此他们即使在二战中遭受毁灭性的打击，战后也能立即崛起，成为世界上最有名的商人。

反省是成功的加速器。经常反省自己，可以去除心中的杂念；可以理性地认识自己，对事物有清晰的判断；也可以提醒自己改正过失。只有全面地反省，才能真正认识自己，只有真正认识了自己并付出了相应的行动，才能不断完善自己。

二十几岁的我们，不妨在每天结束工作时问问自己如下几个问题：我今天到底学到了什么？出了什么问题？是不是做错了什么？等等。只有不断地反省，才能不断地提高。

摒弃偷懒的习惯

很多二十几岁的员工都认为，老板不在的时候正是可以放松的时候。每天老板在的时候，绷紧的神经似乎都要爆破了，终于等到老板出去参加什么会议了，或是出国考察、谈项目去了，他们就把这当作了最好的偷懒时机。

如果二十几岁的你，工作起来还像小学生学习一样，非要老板在后面盯着管着才认真地去干，发现老板不在时就偷懒，可以断定，这样的员工永远也不会成为一名优秀的员工，只能使一个本来天赋很好的人步入平庸，这样的例子并不在少数。

江城是一家公司的销售部经理。一天，他到一家销售公司联系一款最新的打印设备的销售事宜，因为是一款定位为大众化的新品，并且厂家即将开展大规模的广告宣传，为争取更大的市场份额，对经销商的让利幅度也非常大。江城决定在媒体大量宣传报道之前同一些信誉与关系都比较好的经销商敲定首批订量。

当他来到一家一直保持密切业务关系的公司时，恰巧老板不在。当他提起即将推出的新品时，负责接待他的员工冷冷地说："老板不在，我们可做不了主。"江城把宣传资料拿出来，试图说明这是一款新产品，性能和质量都非常好，而且现在订货会有一定的优惠。但是，令他失望的是，那名员工根本不听他的解释，只用非常简单的一句话搪塞："老板不在。"

江城没有任何办法，只好悻悻地走了出来。他抱着试一试的态度，去了另外一家公司，没有预料到的是，这家公司的老板也不在。这让江城有点失望，接待他的是一位新来不久的女青年，非常热情。当江城说明了来意，她没有以老板不在为借口，而是主动要求第二天就为他们公司送货，其他具体事宜等老板回来以后再由老板定夺。

结果很清楚，第一家公司的员工因为老板不在而丧失了很好的商机，等再要求补货的时候，已经没有了优惠，利润自然大打折扣。当老板得知事情的经过后，毫不客气地就把那位员工辞掉了。而第二家公司则因为那位女青年在老板不在的时候，也一样对工作尽职尽责，以优惠的价格购进了江城推荐的产品，不到一个月就销售了近9000件，为老板净赚了9万多元。这位女青年自然得到了老板的赏识，刚进公司就被提升为主管。

摒弃在工作中偷懒的习惯，二十几岁的你可以做很多事情：可以尽职尽责地完成自己的工作，也可以投机取巧；可以一如既往地维护公司的利益，也可以趁机谋私利。但是别忘了，老板可能一时间难以发现，那并非意味着老板永远也不会发现。老板不在的时候，如果你能干出比平时更突出的成绩来，就更能获得老板的信任和重用，进而得到的会更多。

不管老板在不在，也不管别人有没有看到，一定要让自己努力，因为收获最大的是你自己。如果一个员工总是认为工作是为老板干的，经常趁着老板不在的时候推卸责任、偷懒，这样的员工在公司中的价值低廉，很快就会在竞争中被淘汰掉。

摒弃在工作中偷懒的习惯，二十几岁的你就是自己的老板。你的任何努力都是为你的成长和进步积累资本，表面上看是为公司工作，实际上却是在为自己培养良好的工作习惯，受益匪浅的始终是自己。

向能人学习，取长补短

善于向能人学习，取人之长，补己之短本身就是一个好习惯，在习惯的帮助下，能形成一股"合力"，而这种合力也是一种统合效应，能推动你由弱而强、由小而大，这是获取成功最为有效的途径。

世界上最大的悲剧是人从事与个性不相符的工作。只有能充分发挥自身优势，并利用他人的优势来弥补自己不足的人，才会在今天的社会中取得成就。孔子曰："三人行，必有我师焉。"任何一个人都有自身的长处与不足，如果能取人之长，补己之短，并将这一行为当作一种习惯运用在日常生活中，必然会不断地提升、完善自己，使自己强大起来。

每个人的能力都是有限的。年轻人精力旺盛，认为没有自己做不成的事。其实，精力再充沛，个人的能力还是有一个限度的。力所不能及的，也就是你的短处。所以要向别人学习，吸取别人的长处来弥补自己的不足。同时也因为能力倾向不同，所以每个人都有自己的长处，也有不足之处。在这种条件下，用他人之长，来弥补自己的不足，就成了完善自身缺陷的有效方法。

刚出校门的年轻人，往往容易犯自我陶醉的毛病，认为自己的学历高、知识广就自命清高，在工作中不懂得向资深人士学习，结果吃了不少苦头，浪费了不少时间。

一个刚刚毕业的博士被分到一家研究所工作，成为同事中学历最高的一个人。

有一天研究所内组织活动，到单位后面的小池塘去钓鱼，博士生选择了一个环境优美的地方，不料正副所长分坐在他的左边和右边，正在专注地钓鱼。

他只是象征性地与二位所长打了个招呼。他想：对俩本科生，有什么好聊的。

一会儿，正所长放下钓竿，伸伸懒腰，"噌噌噌"从水面上如飞地走到对面上厕所。

博士生眼睛都看直了。莫非正所长有水上漂的神功？不会吧？这可是一个池塘啊。

正所长上完厕所同样也是"噌噌噌"地又从水上漂了回来。博士生看傻了眼，这到底是怎么回事？出于面子，博士生又放不下高学历的架子去向一个本科生请教，结果只是默默地低下头钓自己的鱼了。

没过多久，副所长也起身去上厕所。结果同正所长一样，他也"噌噌噌"地飘过了水面。这下子博士差点昏倒，怎么会是这样？莫非自己身处一个江湖高手云集的地方？

正在嘀咕之时，博士生也想去上厕所了。可是池塘两边有很高的围墙，去对面的厕所没有10分钟都不可能到达，回单位又太远，这可怎么办呢？自己又不愿意去问两位所长，忍了半天后，情急之下他提起裤脚也往水里跨：只听"咚"的一声，博士生一头栽到了水里。

幸好两位所长离他不远，及时地把他拉了上来。正所长问："你怎么啦？为什么要往水里跳啊？"博士生问他："为什么你们可以走过去呢？"

两位所长相视一笑说："因为这池塘里有两排木桩子，由于下雨的原因水面漫过了木桩，我们都知道这木桩的位置，所以可以踩着桩子过去啊！可你为什么不问一声呢？"

学历不等于能力，有了很高的学历不一定就高别人一筹，因此也没有必要向别人炫耀些什么。如果只因为自己的学历比别人高就目中无人、高高在上，这样的人可以说算是愚蠢到家了。

任何人都不是完美的，在竞争激烈的现代社会，如果还摆高学历的架子，那就等于是向失败张开怀抱。学历代表过去，只有学习能力才能代表将来。尊重有实际经验的人，才能少走弯路。

人的性格和能力是有差别的，这些差别是长期养成的。不能说哪一种类型就一定好，哪一种就一定坏。正是由于这些不同，不同人所能从事的工作性质就有所区别了。要想有所作为，首先得明白自己的性格和能力，然后选定一个适合于自己类型的工作。工作中，在向工作能力强、经验丰富的人学习的同时，应注意分析别人的性格特点，尽可能找到一个能弥补自身不足的人，换个说法就是对方能弥补你的短处，你能补救对方的不足。

多少成功的范例证明：只有养成向能人学习、取长补短的好习惯，才能充分发挥自身的优势，利用他人的优势来弥补自己的不足，才能在今天的社会中取得成就。

做事不必在乎大小

每一件事情都是大事，而每一件事情又都是小事，关键是你把它摆在什么地方，如果一根头发不小心放在某件精密仪器之中，也会影响到这台机器的正常运行，从而造成整个实验的失败，一丝毫发，在这个地方也是一件非常大的事情，问题是你怎么看待这件事情。

现在的人都不知道"从底层做起，然后干大事"这句话，因为人们大都雄心万丈，一踏入社会就想一口吃个饱。如果真想如此，应该具备下面这些条件。

（1）过人的才智。也就是说，你应是一块天生"做大事，赚大钱的料子"。

（2）**优越的家庭背景**。如家有庞大的产业或企业，或是有一个有权有势的父亲（母亲）。因为这样的父母，因为这样的背景，所以一踏入社会就可"做大事，赚大钱"。

（3）**好的机遇**。有过人才智的人需要机遇，有优越家庭背景的人也需要机遇，只有这样才能真正"做大事，赚大钱"。

而实际上，很多成大事者并不是一走上社会就取得很好成绩的，很多成功的企业家是从伙计当起，很多政治家是从最基层做起，很多将军是从小兵当起，人们很少见到一走上社会就真正"做大事"的。所以，当你的条件只是"普通"，又没有良好的家庭背景时，那么"先做小事"绝对没错。你绝不能拿"机遇"赌，因"机遇"是看不到抓不到，难以预测的。

那么"先做小事"会有什么好处呢?

"先做小事"最大的好处是可以在低风险的情况之下积累工作经验，同时也可以借此了解自己的能力。当你做小事得心应手时，就可以做大一点的事。赚小钱既然没问题，那么赚大钱就不会太难。何况小钱赚久了，也可累积成"大钱"。

此外，"先做小事"还可培养自己踏实的做事态度和金钱观念，这对日后"做大事"以及过好一生都有莫大的助益。

你千万别自大地认为你是个"做大事"的人，而不屑去做小事，你要知道，连小事也做不好，别人是不会相信你能做大事的。如果你抱着这种只想"做大事"的心态去做事，那么失败的可能性很高!

当精明人不如做"傻子"

现代社会是市场经济社会，什么事情都要算计：算计成本，算计关系，算计友情……当然，算计无可厚非，重要的是有些事情能计算出成本利息、收益，但有些事情根本就没有办法计算，如果硬要算计的话，那么到最后是赔了夫人又折兵，非常不划算。本来事情就很多，如果抓不住主要的事情，大小事情一块儿算，那就会得不偿失。

在企业做事，也有很多人没有搞清楚这种关系，就难免出现形形色色的"精明人"。

以下这些类型的人是我们周围常见的所谓"聪明人"：

一种人是天天开口便是大哥大姐，叫得自然又亲热，也不管他和你认识多久；除此之外，还善于恭维你，拍你的马屁，把你"哄"得舒舒服服的。并不是说这种人就是必须防备的"坏人"，但在正常的工作环境中，这样的人容易生是非。

一种人好像没有脾气，你骂他、打他、羞辱他，他都笑眯眯的，有再大的不高兴，也摆在心里，让你看不出来。这种人也不见得是坏人，因为他的个性就是如此，成天笑眯眯，不得罪人。可是你就搞不清楚这种人心里在想些什么，也搞不清楚他的好恶及情绪波动，碰到这种人，真的让人无从应对，这样的人精于算计，常计较小得小失。

一种人最大的特色便是"见利思迁"，见风使舵，哪边好往哪边靠，所以他的待人处世会以"利"作取向，也会为"利"而背叛别人、背叛工作。

还有一种人单位里有什么苦事、累事、关键事就揣起手缩到后边，有什么闲事、好事、轻松事则忙不迭跑到前面，捞着点便宜嘴里还要不停卖乖。

这样的"精明人"什么时候、什么单位都能见到，他们以"精明人"自居，嗤笑所有干实事的"傻子"。他们永远也不会觉察到，大家都在敷衍他并厌而远之。

在我们周围，所谓"精明人"越来越多，而"傻人"却越来越少了。什么是傻人？也就是在自己的工作内外总是愿意多付出一点的人。这样的人之所以被认为傻，是因为他们并不为自己更多的付出索取回报，而只是为了把事情做得更好。

但是，在工作中能脱颖而出的恰恰是这些"傻人"。

巴恩斯是一位意志坚定，但却缺少资源的人。他决心要和爱迪生合作。可是当他来到爱迪生的办公室时，他不修边幅的仪表，惹得职员们一阵嘲笑，尤其当他表明将成为爱迪生的合伙人时，职员们笑得更厉害了。爱迪生从来就没有什么合伙人，但巴恩斯的坚持为自己赢得了面试的机会，并在爱迪生那儿得到了一份打杂的工作。

尽管爱迪生对他的坚毅精神有着深刻印象，但这还不足以使爱迪生接受他作为合伙人。巴恩斯在爱迪生那儿做了多年的设备清洁和修理工，直到有一天他听到爱迪生的销售人员在嘲笑一件最新的发明品——口授留声机。

他们认为这个东西一定卖不出去：为什么不用秘书而要用机器？

巴恩斯花了一个月的时间跑遍了整个纽约城。一个月之后他卖了7部机器。当他抱着满腹的全美销售计划，来到爱迪生的办公室时，爱迪生接受了他成为口授留声机合伙人，这也是爱迪生唯一的合伙人。

爱迪生有数千位员工为他工作，到底巴恩斯对爱迪生有什么重要的与众不同之处呢？原因就在于巴恩斯愿意展露他对爱迪生发明的产品的信心，并付诸实践。同时巴恩斯在完成任务的过程中，也没有要求过多的经费和高薪。

巴恩斯所提供的服务已超过他作为杂工的薪水程度，是爱迪生所有员工中唯一有这种表现的人，也是唯一从这种表现中获得巨大利益的人。

别让才华误了前途

这是一个务实的年代，对于才华本身的定义也已经发生了改变。如今的一般标准是"才而不财非才也"。今天出了名的职场英雄当中，又有几个是因为才华横溢、风华绝代而受人称道的呢？

才华横溢是对一个人的最高褒奖吗？身处职场，有的人才华平平但工作做得如火如荼，有的人才华横溢但工作平平。

也正因为如此，著名的日本松下公司的用人理念是只用具有70%能力的人，而不用业界最优秀的人。因为这些人做事更认真，而且友善、谦虚，对上司和同事更具亲和力。现代社会更强调团队合作精神。一个人锋芒毕露并不被认为是一件好事。因而，越来越多本来满腹才华的人将才华束之高阁。

才华横溢只是职业成功的千万个必要条件中的一个，甚至还不是主要的。在合适的职位上，你的智慧才能发挥出应有的价值，你才有可能获得足够让社会认可你成功的财富，若遇到一个拿"红缨枪当烧火棍"使的领导，你的才华和智慧只会让你过得比别人更痛苦。

在职场上，才华不仅仅指"腹有诗书"的学富五车，也不单单指"运筹帷幄"的才高八斗，简单点说，不管你是底层办事员还是高级主管，不管你是装卸工人，还是编程人员；也无论你是才华横溢，还是斗字不识，只要你在工作中能把你才华的最大潜能发挥出来，即使你没有惊人的事业或不名一文，你仍然是一个成功的人。调动你最大的能动性，充分体现你的人生价值，你就没白活一回！

职场中确实有这种现象，很多才华横溢的人往往不是事业的成功者，而不少能力一般的"傻人"却在事业上如鱼得水，这"不由你不信，不服也得服"的现实，确实令那些不太得志的"鸿鹄"们英雄气短。

在职场上，才华横溢只是成功的诸多要素之一，而你投身的事业肯定不是孤立于社会而存在的，你的才华首先要融于一个团队之中，与其他人的才华形成1+1大于2的合力效应，企业才能真正取得成功，从而彰显个人的成就。而在这个"融于"的过程中，人和人之间的差异相当明显。

很多才华横溢的人往往缺少与周围环境的良好亲和力，情商的缺陷往往使他们与团队像油与水一样难以相融。与此相对应的是，一些才智平平的人由于懂得如何与人相处，如何把握机遇，把有限的才智用在最该用的地方，所以顺利地平步青云。况且，指望一个人适应各种各样的环境，其实也不现实。有些才华横溢的人有时并不清楚目前所处的环境是不是真的适合自己，还有没有可能以自己的主观努力变换一个新的环境，使之更适合自己。聊起自己的专业来神采飞扬，可涉及这些直接关乎自己前程的、专业之外的"琐事"时，却又往往是除了叹息就是无奈。

有的才华横溢的人还往往喜欢空谈，不屑于做眼前具体的事情，而恰恰是这种好说不愿做的共性，使再多的才华也只能成为供人观瞻的镜中之花，于己、于所服务的企业毫无用处。

理论上的才华永远不等于能力，才华只有体现在实践调控与创新上才有价值。要让才华变成实实在在的能力，指望"躲进小楼成一统"是不可想象的。相信职场上那些不太得志的精英们只要少说一分、多做一分，真正的成功就不会太遥远。

没有人喜欢"牢骚王"

只说不做的一个典型就是那些自认为"怀才不遇"者。

如今，"怀才不遇"好像成了年轻人的一种通病，他们普遍的症状是：牢骚满腹，喜欢批评他人，还时常显出一副抑郁不得志的样子。和这种人交谈，运气不好的时候，还会遭到一顿批评。当然，这类人的确有怀才不遇之才，由于客观环境无法与之适应，于是虎落平阳龙困浅滩。但为了生活，他们不得不屈就自己，所以他们生活得十分痛苦，慢慢就养成了只知动口不去动手的坏习惯。

现实中有才的人都是如此吗？不，尽管有时出现千里马无缘遇伯乐的现象，但如果你真是一匹千里马，即使一次错遇伯乐，应该也还有第二次、第三次机会……很多人之所以出现一种不好的结局，主要是由自己造成的。有些人确实有才，但他们常自视清高，看不起那些能力和学历比之低的人，可如今的社会关系复杂，并不是你有才气，就能成就大器。别人看不惯你的傲气，就会修理你。至于你的上司，因为你的才干本来就会威胁到他的生存，你又不适度收敛自己，生怕别人不知道你的才干，那你的上司怎么会不打压你呢？最后的结局就是，你也变成了一位"怀才不遇"者。

还有一种"怀才不遇"者，他们就是一类自我膨胀的庸才。因为他们本身无能，别人当然无法重用。但他们并没有认识到自己没用，反倒认为自己怀才不遇，无人识才，于是到处发牢骚，吐苦水。

不管是有才还是无才，这类"人才"真是人见人怕，一听他们谈话，就会骂人，开口就是批评同事、主管、老板，然后吹嘘自己多厉害，多么能干，听者也只好点头称是，要不然，他也许就会骂到你的头上来。

所以，最后的结果就是："怀才不遇"之感越多的人，越会把自己孤立在一个圈子里，甚至无法与其他人的圈子相交。人都怕惹麻烦，不敢跟这种人打交道，人人视之为"怪物"，敬而远之。一个人如果给众人的印象已成定局，那除非遇到"贵人"大力提拔，否则将很难改善这一印象，结果有的辞职了，有的外调，有的总是个小职员，有的则一辈子"怀才不遇"。

一个人不管才干如何，都会碰上无法施展自己才干的工作环境，这时候千万要记住：即使你觉得自己"怀才不遇"，也不能明显地表现出来，你越是沉不住气，别人就越看轻你。

你要做的是客观地评估一下自己的能力，看看是否高估了自己。人应该有一个自我评价的能力，如果你怕自己评估不客观，可以找个朋友和较熟的同事帮助你一起分析，如果别人的评估比你自我评估的结果要低，那你就要虚心接受。有些情况下，旁人可能对我们了解得更加准确深刻。那为什么不接受他人的评价呢？

还应该检查一下自己的能力为何无法施展——是一时得不到合适的机会？是大环境的限制？还是人为的阻碍？如果是机会的原因，那继续等待和创造机会不就行了吗。如果是大环境的缘故，那就离开这一环境好了。如果是人为因素，你可与人诚恳沟通，并想想是否有得罪他人的地方，如果是，就要想办法与人疏通。

你也许该亮出自己的其他专长——有时候，怀才不遇者是因为用错了专长。他们确实有才，但用得不对，或者不是时候。如果你有第二专长，可以要求他人给个机会试试，说不定又会为你开辟一条生路。

你应该去营造一种更加和谐的人际关系，不要成为别人躲避的对象，反而应该以你的才干协助其他同事。但要记住，帮助别人时不要居功，否则会吓跑你的同事。此外，谦虚客气，广结善缘，这将给你带来意想不到的帮助。

你要继续强化你的才干，也许你是在某一方面有才，但可能由于才气不够，所以没让人看出来。这种情况下，你就应该更加强化自己这方面的能力，当时机成熟时，你自然会闪烁出耀眼的光芒，别人当然会另眼相待你。

不管怎样，你最好不要成为一位怀才不遇者，这样会成为你的一种心理负担，勤恳地做好自己的事，即使是大材小用，那也比没用要好，比不去做要好。慢慢从小事开始，先将小事做到、做好，你也许有一天能得到大用！

在工作中广交朋友，以免人到用时方恨少

建立一个"朋友档案"，说白了就是把朋友的联系地址及通讯方式作一个资料保存。

老陈的弟弟被出租车撞死了，老陈慌乱之中问计于我，我从来没接触过这类的事，也不知怎么办才好，只好建议他去找律师，他说他过去也认识几个律师，但没继续联络，名片也早不知丢到哪里去了。他叹了一口气说："人到用时方恨少呀。"

"人到用时方恨少"，不知你有没有这种经历？如果曾经有过，那么你现在是否还会有这种感觉？如果没有过，那么也要未雨绸缪。

如何才能防止"人到用时方恨少"这种事情出现呢？

就是要给自己建立一个"朋友档案"。

人一生当中会交很多朋友，这些朋友有的会成为你的至交，有的会持续交往，但有的也会中断。交朋友固然不必勉强自己和对方，但不妨采取更有弹性的做法，不投缘的也不必"拒绝往来"，而应把他们通通纳入你的"朋友档案"之中。

"朋友档案"的建立其实很简单。

1.把你在学校时的同学资料整理出来，并做成记录。毕业经过数年后，你的同学会分散在全国各地从事各种不同的行业，有的甚至已成为领导，当有需要时，凭着同学的关系，相信他们会给你某种程度的帮忙。这种同学关系，还可从大学向下延伸到高中、小学，如能加以掌握，这将是人生中一笔相当大的资源。当然，要建立起这些同学关系，你非得时常参加同学会并且随时注意同学的动态不可。

2.把你周围朋友的资料建立起来，对他们的专长也应有详细的记

录。他们的住所、工作有变动时，你也要在你的资料上修正，以免有需要时找不到人，而对这些变动情形的掌握，则来源于你平时和他们的联系。

同学和朋友的资料是最不应疏忽的，你还可以记下他们的生日，如果你不嫌麻烦，在他们生日时写上一张生日贺卡，或请吃个便饭，保证会使你们的关系突飞猛进。这些关系若能妥善维持，就算他们一时帮不上你的忙，也会介绍他们的朋友来助你一臂之力。

3.有一种"朋友"也是不能忽略的，那就是在应酬场合认识，只交换名片，谈不上交情的"朋友"。这种"朋友"各种行业各种阶层都会有，不应把这些名片丢掉，应该在名片中尽量记下这个人的特点，以备再见面时能"一眼认出"。但最重要的是，名片带回家后，要依姓氏或专长、行业分类保存下来；当然不必刻意去结交他们，但可以借故在电话里向他们请教一两个专业问题，话里自然要提一下你们碰面的场合，或你们共同的朋友，以唤起他对你的印象。有过"请教"，他对你的印象也会深刻些。当然，这种"朋友"不可能帮你什么大忙，因为你们没有进一步的交情，但帮小忙，为你解决一些小问题应该不会有太大的问题。譬如我就曾向一位电器行的业务员请教过购买电器的常识，这些常识和我平常对电器的认识差距很大，但很实用。这个业务员是我买电视机时认识的，他的名片我保存到现在还没丢掉。

有人用电脑建立朋友档案，有人用笔记簿，有人则用名片簿，这些方法各有长处，而不管用什么方法，我想我们必须记住的是他们的联系方式。

只要你记住了朋友的联系方式，并坚信他们对你有用，每个都不要放弃，而且还要保持一定的联系，那么你在找人办事时，就不会有"人到用时方恨少"的感觉了。

新官上任要烧好"三把火"

所谓"新官上任三把火"，但这三把火怎么个烧法，里面大有学问，我们不仅要表达出"我来了"的姿态，还要表达出一种稳定人心的意思，通常的这三把火是：营造第一印象；适时表明行事决心；力戒不必要的对抗。

1.要营造好第一印象

作为一个上司，从你走马上任伊始，就是你任期的一个重要时刻，也是你与你的下属关系中的一个重要时刻，这个时刻就是过渡时期。过渡时期是很关键的，正如一则广告词所说的，你只能留下一次第一印象。你做的每一件事，你说的每一句话，以及你如何做、如何说，都将受到公众的监督。你周围的人将缺乏安全感和稳定感，他们知道他们必须向你（他们的上司）证明自己，就像你必须向你的上司证明你自己一样。不过，要注意，人们正在从你这儿寻找暗示。詹姆斯·斯特罗克被皮特·威尔森选中担任加利福尼亚的环保局局长，他坦率地谈了对这个问题的看法：

"上任伊始，你所做的任何事情都是在确立先例。你既有机会进行变革，也有进行变革的巨大困难，这是毋庸置疑的，无须赘言。但与此同时，你也有使事情制度化，改变组织的惯性，使其朝着你希望的方向发展的机会。因而你的任务很巨大，也很困难。你的注意力不仅必须放在努力领导上，完成州长希望你做的工作，而且必须同时注意微观的管理工作，因为这些不起眼的事情，例如，通信的质量如何？能在多长时间内收到回复的电话？你的办公室有多大？你在哪里消磨掉你的时间？你的坦率程度如何？晚上和周末你是否真的在那里工作？等等。所有这些事情都是在为组织确立新的先例和期望。"

小事情影响大。特别是在过渡期间，要经常在你的一位工作人员的办公室召开会议，在过渡时期以后，这种会议要定期召开。这样做看起来可能似乎有点人为的刻意的雕琢，但是，这样做的确很值得。它给你提供了一个机会，可以与你的秘书和其他没有机会见到你的人见面。这样做也会发出这样一个有力的信号："你并不是遥不可及的，你随时准备聆听他人的看法。"

2.根据形势表明行事决心

你上任后以及随后的过渡时期该展现怎样的风格，将取决于环境和条件。有的时候，要求剧烈变革的呼声特别强烈，如，发生了某个大的丑闻事件以后，你接替当事人走马上任；或者，在选举期间，你若作出承诺要进行必要的改革，那么一旦选举获胜，就要兑现承诺，进行改革。

迪克·切尼曾担任布什政府的国防部长。在任职早期，切尼就使用过这种方法。有人报告，空军参谋长劳伦斯·威尔奇正为一个武器系统向国会进行疏通，而此时这个武器系统未来的命运如何，仍然掌握在切尼和布什的手里，切尼公开指责威尔奇的做法是"目中无人，自由主义"。切尼的指责实际上就发出了这样的一个信息："新来的文职部长尽管缺乏在军队做事的经验，但是，他将对目无领导和法纪的行动决不姑息。"

1991年，约翰·佩顿接管了哥伦比亚特区的法律办公室。他发现这个部门存在着"难以置信的深层次的道德问题。人员缺乏。政府的其他部门根本不把它当回事，法院也不把它放在眼里，人们也不知道自己的职责是什么"。很显然，这个部门需要进行大的改组。因此，佩顿吸收了几名新的工作人员，定期召开工作人员会议，并把散落在十几个地方的人员召集在一起，进行整顿，重新规定了部门的职责。

艾丽妮·乔在一个公开的丑闻之后，受命领导美国联合行业委员会（the United Way of America）。这个公开的丑闻迫使她的前任在位20多年之后下台，乔因而也踏入了一个危险的雷区，她把她的处境描述为："家庭的丧事和自然灾害同时向你袭来。"领导人的更迭使这个组织处于震荡的状态之中。许多雇员辞职，有的人虽然没有辞职，但却对自己的未来忧心忡忡，不知道新来的领导会怎样评价自己的过去，因而对这位较年轻的妇女（她还不满40岁）怀有疑虑。

1992年11月，乔上任后，决定正视她的工作人员和她面临的处境。在上任的第一天，她在办公楼的门廊里召开了全体工作人员大会，并对他们在这个困难时期还能尽职尽责，维持机构正常的运作，表示感谢。她要求工作人员对她不要有戒心，并保证对他们真诚相待，无论是好消息还是坏消息她都会及时地告诉大家。她还强调说，组织的恢复和振兴将需要时间和努力，包括大家的努力和她自己的努力。

乔的这一番话既表明了她对工作人员的理解和支持，也很有现实性。通过乔所说的话以及她说话的方式，我们可以看出来，她发出了一个明确的信号："新的领导已经上任了，以前领导的做事方式已经成为过去。最重要的是，她的讲话明确表达了一个在百废待兴的环境里进行改革的要求。"

3.力戒不必要的对抗

未提过此人在过渡期过去之后的很长时间里，你仍然还需要组织的支持。如果你只是因某种原因而替代了离职的原领导人，或如果你的前任被普遍认为是一个成功的领导人，再者如果你是一位不受欢迎的、有争议的或不为大家所熟悉的人，需要以实际行动来证明你自己，那么，你可能希望悄悄地、按部就班地开始你的工作，而不想进行大的变革。在这样的情况下，你给大家发出一个维持原状，继续按原来的方针政策办的信息，使自己主要以聆听而不是到处讲话的形象出现，对你是最有利的。

布什在成为副总统以及后来的总统之前，负责中央情报局、共和党国家委员会和驻中国的联络办公室的工作，他主张过渡时期应该是非对抗的，并把它看成是从为你工作的下属中获得最大收益的最好方式。

在生活中，你需要知道你所不知道的东西，你需要把这些事情搞得很清楚。因为人们比你知道得多，如果他们觉得你自以为你什么都知道，那么，展现在你面前的将会是一条布满荆棘的路。我曾目睹许多人，他们走马上任，认为自己能够把周围那些知道得比自己多的人们玩转。你必须对人们的所知、所为以及所取得的成就给以信任。如果你刚被任命到某个地方，就把自己摆于高高在上的位置，对具体的事情该怎么做很少给出指示，也不尊重其他人的学识，那么，你肯定会失败。你的工作成效将会受到影响。

一般而言，能适用于所有场合的原则是不存在的。任何过渡时期的风格和进程必须与环境相适应，你上任伊始发出的第一条命令，是要决定继续维持原状或进行改革的信息，是否需要传递给组织内部以及外部的人们。无论哪种情况，为改革而改革是不值得肯定的，即使你选择了改革，也要尽量避免出现不必要的对抗。

别在朋友面前表现得更优越

安德鲁·卡内基是美国的钢铁大王，他白手起家，既无资本，又无钢铁专业知识和技术，却成为举世闻名的钢铁巨子，这当中充满着神奇的色彩，使许多人迷惑不解。

有一位记者好不容易才令卡内基接受采访，他迫不及待地劈头问："您的钢铁事业成就是公认的，您一定是世界上最伟大的炼钢专家吧？"

卡内基哈哈大笑地回答："记者先生，您错了。炼钢学识比我强的，光是我们公司，就有两百多位呢！"

记者诧异道："那为什么您是钢铁大王？您有什么特殊的本领？"

卡内基说："因为我知道如何鼓励他们，使他们能发挥所长为公司效力。"

确实，卡内基创办的钢铁业是靠其一套有效发挥员工所长的办法取得发展的：当初卡内基的钢铁厂因产量上不去，效益甚差，卡内基果断地以100万美元年薪，聘请查理·斯瓦伯为其钢铁厂的总裁。

斯瓦伯走马上任后，激励日夜班工人进行竞赛，这座工厂的生产情况迅速得到改善，产量大大提高，卡内基也从此逐步走向钢铁大王的宝座了。

可见，卡内基是十分聪明的，如果他自命是最伟大的炼钢专家，那么，至少会导致一些水平与其不相上下的专家不肯为其效力，即使是斯瓦伯这样的管理专家，也不会被看重任用，而人们也就不会如此敬仰卡内基了。

法国哲学家罗西法古说："如果你要得到仇人，就表现得比你的朋友优越吧；如果你要得到朋友，就要让你的朋友表现得比你优越。"

为什么这句话是事实？因为当我们的朋友表现得比我们优越，他们就有了一种重要人物的感觉；但是当我们表现得比他们还优越，他们就会产生一种自卑感，造成羡慕和嫉妒。

纽约市中区人事局最得人缘的工作介绍顾问是亨丽塔，但是过去的情形并不是这样。在她初到人事局的头几个月当中，亨丽塔在她的同事之中连一个朋友都没有。为什么呢？因为每天她都使劲吹嘘她在工作介绍方面的成绩、她新开的存款户头，以及她所做的每一件事情。

"我工作做得不错，并且深以为傲，"亨丽塔对卡耐基说，"但是我的同事不但不分享我的成就，而且还极不高兴。我渴望这些人能够喜欢我，我真的很希望他们成为我的朋友。在听了你提出来的一些建议后，我开始少谈我自己而多听同事说话。他们也有很多事情要吹嘘，把他们的成就告诉我，比听我吹嘘更令他们兴奋。现在当我们有时间在--起闲聊的时候，我就请他们把他们的欢乐告诉我，好让我分享；而只在他们问我的时候，我才说一下我自己的成就。"

苏格拉底也在雅典一再地告诫他的门徒："你只知道一件事，就是你一无所知。"

无论你采取什么方式指出别人的错误：一个蔑视的眼神，一种不满的腔调，一个不耐烦的手势，都有可能带来难堪的后果。你以为他会同意你所指出的吗？绝对不会！因为你否定了他的智慧和判断力，打击了他的荣耀和自尊心，同时还伤害了他的感情。他非但不会改变自己的看法，还要进行反击，这时，你即使搬出所有柏拉图或康德的逻辑也无济于事。

德国人有一句谚语，大意是这样的："最纯粹的快乐，是我们从那些我们的羡慕者的不幸中所得到的那种恶意的快乐。"或者，换句话说："最纯粹的快乐，是我们从别人的麻烦中所得到的快乐。"

是的，你的一些朋友，从你的麻烦中得到的快乐，极可能比从你的胜利中得到的快乐大得多。因此，我们对于自己的成就要轻描淡写。我们要谦虚，这样的话，永远会受到欢迎。

赞美别人是成功的阶梯

威廉·詹姆斯说过：人性的根源有一股被人肯定、称赞的强烈愿望，这是人和动物的最大不同点。谁不想被身边的人群称赞？谁不希望被旁人肯定自己存在的重要性与价值？但是，十分露骨的奉承话并没人愿意听，而发自内心的真诚的赞美语言，却能打动别人的心。

霍尔·凯因出身卑微，父亲是个铁匠，家庭环境清苦，只读了8年书就辍学找事做。不过，他很喜欢十四行诗和民谣，特别崇拜英国诗人罗塞迪的文学与艺术修养。他一时兴起，写了封信给罗塞迪，赞美他在艺术上的贡献。

罗塞迪非常高兴，心想："如此赞美我的人，一定也是个很有才华的人。"于是请霍尔·凯因来伦敦当自己的秘书。这是霍尔·凯因一生的转折点。自就任新职后，他和当时的文学家密切往来，得到他们的支持和鼓励，再加上自己不断的努力，不久，其文学名声便远扬各地。

如今，霍尔·凯因在曼岛的私人宅邸，已成为世界各地观光者必观赏的名胜之一。据说，他逝后留下的财产远在250万美金以上。如果当初他未曾写信给罗塞迪，说不定就要穷途潦倒地过完一生。

诚心地赞美就有这样不可名状的威力。

赞美作为一种交际行为和手段，它的作用在于：激励人们不断进步；能对人的一生产生深刻的影响；能沟通人与人之间的感情。

赞美他人的时候应注意：

（1）赞美要发自内心、真心真意。如果言过其实，对方就会怀疑你的真实目的。

（2）最需要赞美的不是早已名扬天下的人，而是那些自卑感很强的人，特别是那些被压抑、自信心不足的人。他们一旦被人真诚地赞美，就有可能自信心倍增，精神焕然一新，重新鼓起生活的勇气。

（3）赞美要具体，不要含糊其词，否则只会使对方窘迫、混乱，甚至紧张。赞美越具体，表明你对他越了解，从而越能拉近人际关系。另外，不要赞美他身上众所周知的长处，应赞美他身上既可贵又鲜为人知的特点。

（4）要注意赞美的分寸。适度的赞美能使人树立信心。反之，会使人反感、难堪。所以，赞美的内容要适度、要有分寸，要恰如其分；赞美的方式、地点要适宜；赞美的频率要适当。

其实人人都需要赞美，需要别人的肯定，抓住了这个心理，你就抓住了交际成功的关键。多用赞美语，不用花钱，就能得到最珍贵的友谊。

用赞美去改变别人

有一位美国心理学家做过这样一个实验。他在某一所中学里找了一个班，向班主任说明了这个实验会让他看到一个奇迹，因为他在许多学校，许多人中间都做过此类实验，结果被证明很成功。

他在暗中观察了很长的时间，发现班上有一个相貌平平、很不起眼的姑娘，于是他找了一个机会，把全班除那位女生以外所有的学生都召集到了一块，向他们说了自己的打算。

这位心理学家告诉学生们，从今往后，所有的学生都要把那位未到场的女生当作全班最漂亮、最迷人、最美的姑娘，三个月后，学生们将会看到人们意想不到的效果，到那时，这个实验就结束了。

于是，从那天起，学生们对那位姑娘的态度变了，再也不是以前冷冰冰的态度了。

那位女生简直受宠若惊，她惊奇地看到男生们把别的相貌姣好的女生撇在一边不理而向她争着大献殷勤，而女生们带着钦羡的目光经常向她这边望。老师们上课时对她的态度也变了，每次提问时，总是叫她的名字，当她答对了的时候，便会得到表扬和夸奖。

这位姑娘就像坠入梦境中一样，她不明白自己这几天何以由一个灰姑娘一下子变成了众人心目中的白雪公主。

一个星期过去了，人们仍像众星捧月一样地对待她。于是她开始注意自己的形象了，她的眉头舒展了，她的胸脯挺起来了，由于笑声经常陪伴着她，她的心情也渐渐地开朗、愉快了起来，经常与同学们在一起尽情地玩乐。

两个月过去了，全班同学都惊奇地发现她与以前大不相同了，虽然容貌上不能算是美丽绝伦，但也楚楚动人，并且微笑常挂在嘴边，有的同学说那很像蒙娜丽莎的微笑。

后来，班上选班花，大家一致投票选那个姑娘，也许在开始实验时，大家是在逢场作戏，可是到了后来，人们都是诚心实意的了。

顾全面子，是人性的弱点，但它也可能成为人性的优点，关键在于如何利用。如果你明白了这个圆满做事的道理，在请同事帮忙前，先给他戴一顶高帽子，给他以鼓励，让他知道你对他办此事有信心，知道他的潜力，他一定会尽力去帮你。

做公司需要的事

忙在点子上，要求我们要眼中有活，无论老板在不在，都能够主动地去做公司需要的事。那么，究竟什么才是公司最需要的事情呢？

著名的管理咨询顾问鲍伯·尼尔森在《员工的终极期望》一文中，用这样一段话，道出了老板对员工的终极期望。他是这样说的："亲爱的员工，我们之所以聘用你，是因为你能满足我们一些紧迫的需求。如果没有你也能顺利满足要求，我们就不必费这个劲了。但是，我们深信需要有一个拥有你那样的技能和经验的人，并且认为你正是帮助我们实现目标的最佳人选。于是，我们给了你这个职位，而你欣然接受了。谢谢！在你任职期间，你会被要求做许多事情：一般性的职责，特别的任务，团队和个人项目。你会有很多机会超越他人，显示你的优秀，并向我们证明当初聘用你的决定是多么明智。"

"然而，有一项最重要的职责，或许你的上司永远都会对你秘而不宣，但你自己要始终牢牢地记在心里。那就是企业对你的终极期望——永远做企业非常需要的事，而不必等待别人要求你去做。"

尼尔森认为，他所说的终极期望有一个简单的前提：那就是你绝对不需要任何人的指示，就可以把工作做得漂亮出色。无论你在哪里工作，无论你的老板是谁，管理阶层都期望你始终运用个人的最佳判断和努力，为了公司的成功而把需要做的事情做好。

尽管这听起来有点奇怪，但事实是，老板要找的人，基本上是同一种类型，即那些能够不等老板吩咐就可以出色主动地完成任务的人。当然，不同公司的要求是不同的，正如他们所招聘的员工的技能各不相同一样；但是，从根本上说，所有公司和老板要找的基本上是同一种人——那些能沉浸在工作状态中、积极主动地把该做的事情做好的员工，那些不用老板吩咐就能够忙于要事的人。

有一个偏远山区的小姑娘到城市打工，由于没有什么特殊技能，于是选择了餐馆服务员这个职业。在常人看来，这是一个不需要什么技能的职业，只要招待好客人就可以了。

许多人已经从事这个职业多年了，但很少有人会认真投入到这个工作中，因为这看起来实在没有什么需要投入的。

这个小姑娘却恰恰相反，她一开始就表现出了极大的耐心，并且彻底将自己投入到工作之中。一段时间以后，她不但能熟悉常来的客人，而且掌握了他们的口味，只要客人光顾，她总是千方百计地使他们高兴而来，满意而去。不但赢得顾客的交口称赞，也为饭店增加了收益——她总是能够使顾客多点一两道菜，并且在别的服务员只照顾一桌客人的时候，独自招待几桌的客人。就在老板逐渐认识到其才能，准备提拔她做店内主管的时候，她却婉言谢绝了这个任命。原来，一位投资餐饮业的顾客看中了她的才干，准备投资与她合作，资金完全由对方投入，她负责管理和员工培训，并且郑重承诺：她将获得新店25%的股份。现在，她已经成为一家大型餐饮企业的老板。

一个普通的餐馆服务员之所以能够脱颖而出，关键在于她充分发挥了自己的积极性与主动性。在本职工作之外，她思考更多的是如何完善服务和实现服务的突破。而不是只做一些老板交代的事。相比那些只知道招呼客人的服务员而言，其完成工作的效率与质量是不同的。这是因为，她在做好自己工作的同时，收集了大量顾客的信息，并且利用这些信息改善服务质量，使服务更加人性化、亲情化和个性化，通过一次或数次服务，为饭店创造了更大的价值——赢得顾客的忠诚，这才是最重要的。为客户服务，解决某个问题，协助自己的同事，提出省钱的建议，想出好点子或改进工作流程，事实上，这些是每位员工天天都需要做的事，他们也是因此而被雇用的。

如果一个企业的员工只知道做老板吩咐的事，老板没交代就不会主动去做，那么这样的公司是不可能长久的，这样的员工也不可能有大的发展。今天，对于许多领域的市场来说，激烈的竞争环境、越来越多的变数、紧张的商业节奏，都要求员工不能事事等待老板的吩咐。那些只依靠员工把老板交代的事做好的公司，就好像站在危险的流沙上，早晚会被淘汰、淹没。

拿你所在的公司和众多的竞争者比较一下吧。你将发觉，从产品到服务，从技术水平到销售渠道和营销战略，无不大同小异。那么，在众多的经营要素中，是什么决定了一家公司蒸蒸日上而另一家公司却步履维艰呢？是人——在工作中有主见，勇于承担责任，能够主动做公司需要的事的人。

如今，上级和下属之间壁垒森严、泾渭分明的模式早已过去。今天的工作关系是一种伙伴关系，是置身于其中的每一分子都积极参与的关系。在工作或者商业的本质内容发生迅速变化的今天，坐等老板指令的人将越来越力不从心。他们必须积极主动，自觉地去完成任务。

员工比任何人都清楚如何改进自己的工作。再也没有人比他们更了解自身工作中的问题，以及他们为之提供服务的顾客的需求。他们所拥有的第一手资料和切身体验是大多数高层管理人员所欠缺的，后者离问题太远，只能从报告中推断出大致的情况。只有各个层级的员工保持热忱，随时想想自己如何把工作做得更好，公司才能对顾客的需求有更好、更及时的回应，才能在达到目标方面更具竞争力。

把公司的事当作自己的事

英特尔前总裁安迪·格鲁夫应邀对加州大学的伯克利分校毕业生发表演讲的时候，曾提出这样一个建议："不管你在哪里工作，都别把自己当成员工，应该把公司看作自己开的一样。事业生涯除了你自己之外，全天下没有人可以掌控，这是你自己的事业。"作为一名员工，拿着公司的薪水，就应当把公司的事当成自己的事，无论老板在不在，都应当发挥主动负责的精神，把公司需要的事情做好。这不仅是一名优秀员工应遵守的职场道德，同时也是一个忙于要事的人必须遵循的职场规则。

加伦是一家IT公司的营销部经理，有一次，他带领一个团队去参加一个某国际产品展示会。在开展之前，有很多事情要做，包括展位设计和布置、产品组装、资料整理和分装等，需要加班加点地工作。可加伦带去的那一帮安装工人中的大多数人，却和平日在公司时一样，不肯多干一分钟，一到下班时间，就溜回宾馆去了，或者逛大街去了。加伦要求他们干活，他们竟然说："没加班工资，凭什么干啊？"更有甚者还说："你也是打工仔，不过职位比我们高一点而已，何必那么卖命呢？"

在开展的前一天晚上，公司老板亲自来到展场，检查展场的准备情况。

到达展场，已经是凌晨一点，让老板感动的是，加伦和一个安装工人正挥汗如雨地趴在地上，细心地擦着装修时粘在地板上的涂料。而让老板吃惊的是，其他人一个也见不到。见到老板，加伦站起来对老总说："我失职了，我没有能够让所有人都来参加工作。"老板拍拍他的肩膀，没有责怪他，而指着那个工人问："他是在你的要求下才留下来工作的吗？"

加伦把情况说了一遍。这个工人是主动留下来工作的，在他留下来时，其他工人还一个劲地嘲笑他是傻瓜："你卖什么命啊，老板不在这里，你累死老板也不会看到啊！还不如回宾馆美美地睡上一觉！"

老板听了叙述，没有做出任何表示，只是招呼他的秘书和其他几名随行人员加入工作中去了。

但参展结束，一回到公司，老板就开除了那天晚上没有参加劳动的所有工人和工作人员，同时，将与加伦一同打扫卫生的那名普通工人提拔为安装分厂的厂长。

被老板开除的那一帮人很不服气，去找人力资源总监理论。"我们不就是多睡了几个小时的觉吗，凭什么处罚这么重？而他不过是多干了几个小时的活，凭什么当厂长？"他们说的"他"就是那个被提拔的工人。

人力资源总监严肃地对他们说："用前途去换取几个小时的懒觉，是你们的主动行为，没有人逼迫你们那么做，怪不得谁。而且，我可以通过这件事情推断，你们在平时的工作里偷了很多懒。他虽然只是多干了几个小时的活，但据我们考察，他一直都是一个积极主动的人，他在平日里默默地奉献了许多，比你们多干了许多活，提拔他，是对他过去默默工作的回报！"

一个能够忙于要事的员工的表现应该是这样的——无论老板在不在，他都会一如既往地努力工作。因为他知道，工作并不是做给老板看的，他对自己的要求，常常比老板还要严格。作为一个公司员工，老板不在的时候，也是容易放松自己的时候。可是，无论老板在不在，你勤奋工作都应该是发自内心的，你的任何业绩都是自己努力的结果，你不能仅仅是做出样子来给老板看，老板要的是实际业绩和工作效果。

评价员工优秀与否有一个标准，那就是他工作时的动机与态度。如果一名员工只知道被动地工作，习惯于像奴隶一样在主人的监督下劳动，缺乏工作热忱，那么可以确定，他的工作效率肯定是会大打折扣的，当然，这样的员工是不会有什么成就的。能够主动去做公司需要做的事是每一个优秀员工的共同特点，没有对工作的热爱就不会有全身心的投入，就会因为缺乏自律而放任自流，当然谈不上高效工作，主动去做公司需要做的事了。

与上司步调一致

我们要多做公司发展需要的事，有一个重要的原则就是要跟得上老板或者上司的思维，与老板步调一致。这样，你才能够忙在点子上，为公司贡献更多的力量。

和老板步调一致是员工与老板实现合作上的双赢的重要前提。如果你的老板总抱怨你不灵通，交代多少遍都不明白，那么你就有必要检讨自己，在领悟力上多下功夫，否则你将很难得到老板的赏识。

身为下属，脑筋要转得快，要跟得上老板的思维，这样才能成为老板的得力助手。为此，你不仅要努力地学习知识技能，还要向你的老板学习，这样才能弄懂老板的意图。他说出一句话，你要能知道他的下一句话讲什么，也就是知道他的意图，跟得上他的思维。如果你不去努力学习，你的老板想到20公里了，你才想到5公里的地方，你跟他的差距就会越来越大，如果是这样的话你就无法赢得老板的器重和青睐。

有一次，曾国藩召集众将开会，分析当时的军事形势说："诸位都知道，洪秀全是从长江上游东下而占据江宁的，故江宁上游乃其气运之所在。现在湖北、江西均为我收复，仅存皖省，若皖省克复……"

此时，曾国藩手下的爱将李续宾早已明白了曾国藩的意图，顺势道："大帅的意思，是想要我们进兵安徽？"

"对！"曾国藩赞赏地看了李续宾一眼，"续宾说得很对，看来你平日对此早有打算。为将者，踏营攻寨计算路程尚在其次，重要的是要胸有全局，规划宏远，这才是大将之才。续宾在这点上，比诸位要略胜一筹。"瞧，李续宾一句话就赢得了这么多的信任和夸赞，实在是高明之举。

通常情况下，上司或者老板碍于身份，许多话无法直截了当地说出来，如果你是一个有心人，通过察言观色，充分领会出他的意图，肯定会获得老板的认可。

杨力经过一轮轮面试，在一家著名的广告公司的招聘中脱颖而出。上班一开始，杨力的热情高涨，不断有新的创意提出，然而一段时间后，杨力发现自己创意的死亡率极高，这让他十分纳闷。

一次，杨力拿出了一个很不错的方案。起初老板兴致很高，频频点头，等到表态的时候，态度却冷淡了下来。眼看计划又要胎死腹中，杨力十分着急，他知道问题肯定是卡在老板不愿说明的地方了。杨力从头到尾仔细思考了一遍，他觉得老板最紧张的就是钱，何不从这一点上着手。

于是杨力找到老板说："策划方案既然没问题，我们不妨找几家相关单位赞助，一石二鸟，互惠互助。"老板听后，顿时眉开眼笑，不断夸杨力脑子活，于是这个方案得到了实施。

我们在和上司交往的过程中，要通过接触了解上司平时待人接物的方式、方法，从他的个人经历、性格偏好等方面仔细揣摩他言行的本意，这样才能正确体会到上司的真正用意，与老板做到步调一致。

莱恩是一家广告公司的职员。他本来在一个岗位上干得很优秀，但上司突然调他到一个偏远地区，而偏偏那个倒霉的地区开展业务又特别艰难。为此，莱恩十分不满，他说："我工作这么努力，一直都尽职尽责，但现在不但没有升迁，反而将我调到了那么糟糕的部门，这不是明摆着让我主动辞职吗？"

但实际情况却是，他的上司发现莱恩是个不可多得的青年才俊，就是太年轻了，办事欠稳妥，有时不够深思熟虑，因此决定派他到另一处去锻炼一段时间，以备将来委以重任。

当莱恩以"想到其他城市去发展"为由将辞职书扔在上司桌子上时，上司十分惋惜地说："如果你能留下来，将来的前途是会很远大的。但是，你既然另有所求，并已经决定要离开，那么，我也只好祝你好运了！"

上司的一番好意，完全被莱恩误解了。不但如此，上司可能还会认为莱恩是因为不能吃苦耐劳，怕受累才离开公司的，这种人当然不能委以重任，幸而发现得早，否则还真看走了眼。

另外，我们要想正确领会领导意图，就要善于和领导换位思考。

实际生活中，很多人不懂得与领导换位思考。哈佛商业学校校长金·克拉克博士认为这点是许多人事业上不成大器的重要原因之一，他说："在我们从事的商业界中，的确有不少似乎充满了才华的人，他们工作勤奋，对主人的旨意从不打折扣，他们自己也坚信是很热心地服务于自己的公司的。他们的这种勤奋及忠诚在一定程度上也获得了上司及领导的好感，并提升他们做自己手下的主管或领班。但是，他们就是不能再一次地超越自我，其前程也永远止步不前了。"

为什么呢？

金·克拉克博士接着说:"最简单的理由就是他们对于每个问题常常是依照他们自己所熟悉的那一局部的办事立场来解决,他们根本没有想到考虑全局或以公司领导的立场去解决。他们也从不将自己置身于公司领导的位置去设想:'领导为什么这么想?他是怎样看待这一问题的?我的想法与领导的差距何在?如果我真的处于领导的位置,对于这类事情我又该如何去处理?'"

这就是这类人的问题的症结。从前做过报童,后来成为美国万国协会主席的布雷西也说过:"在我所做过的许多事业中,帮助我最多的是依照我上司的办事习惯去做我的事,因为我知道虽然我想与众不同,但当时我的能力还不及我的上司。我熟悉我的上司,在我做每件事的时候,我的每一个举动,每一个想法均模仿我的上司,并赶在他之前。我常常比他早到办公室,帮他做一些我预想到他肯定会做的事情,以此证明我脑筋的敏锐。就这样,经过不断的自我锻炼,我终于成就了自己。"

主动与领导沟通

和老板做好沟通,你才能知道他心中最想让你为企业做的事是什么。一位企业家曾经说过,沟通创造价值。要主动做好公司需要的事,使自己忙于要事,我们就要主动与老板沟通。

阿尔伯特是美国金融界的知名人士。初入金融界时,他的一些同学已在金融界内担任高职,也就是说他们已经成为老板的心腹。他们教给阿尔伯特的一个最重要的秘诀就是"千万要肯跟老板讲话"。

话之所以如此说，原因就在于许多员工对老板有生疏及恐惧感。他们见了老板就噤若寒蝉，一举一动都不自然起来。就算是职责上的述职，也可免则免，或拜托同事代为转述，或用书信形式报告，以免受老板当面责难。长此以往，员工与老板的隔阂就会越来越深。当然，在这种情况下，员工的行为和企业的预期难免会有所偏差。

人与人之间的理解是要通过实际接触和语言沟通才能建立起来的。一个员工，只有主动跟老板面对面地接触，才能认识到公司发展和老板对自己的要求。

在许多公司，特别是在一些业务发展迅速或者有很多分支机构的公司里，老板必定要物色一些管理人员前去工作，此时，他选择的当然是那些有潜在能力，且懂得主动与自己沟通的人。

因为两者相比，肯主动与老板沟通的员工，总能借沟通渠道，更快更好地领会老板的意图，把工作做得近乎完美，所以总能深得老板欢心。

想主动与老板沟通的人，应懂得主动争取每一个沟通机会。事实证明，很多与老板匆匆一遇的场合，都可能决定着你的未来。比如，电梯间、走廊上、吃工作餐时，遇见你的老板，走过去向他问声好，或者和他谈几句工作上的事。千万不要像其他同事那样，极力避免让老板看见，仅仅与老板擦肩而过。能不失时机地表明你与老板兴趣相投，是再好不过了。老板怎会不欣赏那些与他兴趣相投的人呢？或许短短的几句谈话，你大方、自信的形象，就会在老板心中停留很长一段时间，这些都会成为你今后事业发展的机缘。

当然，这并不是说，只要你主动与老板沟通，就能得到老板的垂青。大哲学家苏格拉底认为，沟通应当以对方的经验为基础，一千个老板，往往会有一千种做事风格，因此，当我们主动与老板沟通时，须懂得他有哪些特别的沟通倾向，这对沟通的成功至关重要。通常，老板喜欢员工这样与自己沟通：

1.简明扼要

老板阶层的人有一个共性，就是事多人忙，加上注重效率，故而最忌讳长篇大论、言不及义。因此，你要引起老板注意并很好地与老板进行沟通，应该学会的第一件事就是简洁。简洁最能表现你的才能。莎士比亚把简洁称为"智慧的灵魂"。用简洁的语言、简洁的行为与老板进行简明高效的交流，常能达到事半功倍的良好效果。

2.不卑不亢

虽然你所面对的是老板，但你也不要慌乱，不知所措。不卑不亢是沟通的基本态度。不可否认，老板喜欢员工对他尊重，然而，不卑不亢这四个字才是最能折服老板，最让他受用的。员工在沟通时若尽量迁就老板，本无可厚非，但过分地迁就或吹捧，常会适得其反，让老板心里产生反感，反而妨碍了员工与老板的正常关系和感情的发展。你若在言谈举止之间，都表现出不卑不亢的样子，从容对答，这样，老板会认为你有大将风度，是个可造之才。

3.沟通时注意换位思考

在主动交流中，优秀的员工往往能够注意不占上风，事事替老板着想，能从老板的角度思考问题，兼顾双方的利益。特别是在谈话时，不以针锋相对的形式令对方难堪，而能够充分理解对方。这样，沟通结果常会是皆大欢喜。

4.善于聆听

倾听是沟通的前提，上帝给了我们两只耳朵，一张嘴巴，就是要让我们多听少说。在相互交流之中，更重要的是了解对方的观点，而不是只顾发表个人的意见。老板不喜欢只顾陈述自己观点的员工。能够以足够的耐心，去聆听对方的观点和想法的人，才是老板的最佳人选。

5.对"事"不对"人"

在主动与老板沟通时，千万不要为标榜自己，刻意贬低别人甚至老板。这种褒己贬人的做法，最为老板所不屑。与人沟通，就是把自己先放在一边，突出对方的地位，然后再取得对方的尊重。当你表达不满时，要记住一条原则，那就是所说的话对"事"不对"人"。不要只是指责对方做得如何不好，而要分析做出来的东西有哪些不足，这样沟通过后，老板才会对你投以赏识的目光。

6.言之有物

老板喜欢知识丰富、思维开阔、有问必答、言之有物的员工。你若知识浅陋，对老板的问题就无法做到有问必答、条理清楚。如果老板得不到准确的回答，时间长了，他就会对你失去信任和依赖。因此，对于日新月异的科技发展和变化迅猛的潮流，我们都应保持应有的了解。

在了解了老板的沟通倾向后，我们需要调整自己的风格，使自己的沟通风格与老板的沟通倾向最大可能地吻合。有时候，这种调整是与我们本人的天性相悖的，但是我们如果能通过自我调整，主动有效地与老板沟通，创造出与老板之间默契和谐的工作关系，这对我们事业的发展无疑具有很大的推动作用。

每天多做一点点

每天多做一点工作虽然会占用你的时间，但能为你赢得良好的声誉，并让他人更多地需要你。

约翰刚开始在杜兰特手下工作时，职务低微，现在已被杜兰特先生当作左膀右臂，担任其下属一家公司的总经理。他之所以能升迁如此迅速，秘诀就是"每天多做一点"。

约翰自己这样介绍说：

"刚为杜兰特先生工作时，我就注意到，每天所有的人下班后都回家了，杜兰特先生依旧会留在办公室里继续工作到很晚。为此，我决定下班后也留在公司里。是的，确实没有人要求我这样做，但我觉得自己应该留下来，在杜兰特先生需要时为他提供一些帮助。"

"工作时杜兰特先生常会找文件、打印材料，以前这些事都是他自己亲自来做。很快，他就发现我时刻在等待他的吩咐，久之逐渐养成召唤我的习惯。"

杜兰特先生为何会养成召唤约翰的习惯呢？原因在于约翰主动留在公司里，使杜兰特先生随时能够看见他，并能随时随地为他服务。这样做能得到报酬吗？也许不能马上得到。但他获得了更多的展示机会，使自己得到老板的关注，最终获得了提升的机会。

尖风公司是一家中型的广告公司，设计部是两男一女的格局。平日里，三个人总是能够在繁忙的工作中找到偷闲的机会。例如，聊聊电视剧，或者商场里最新的打折信息等，就这样，三个人也过得优哉游哉。

一天，老板领着一个稚气未脱的男孩走进了他们的办公室，向他们介绍他们设计部的新同事，应届大学毕业生林。

林来到设计部上班，就像每个新人一样默默无闻、勤勤恳恳地工作着。早上，"元老"们还没到，林就开始打扫办公室。设计部有很多需要跑腿的活儿，以前设计部的人都不情不愿的，"三个和尚没水喝"，总是以猜拳的方式来选举谁是那个"倒霉蛋"。但是现在，不用言语，林早就揣起文件，送往了有关部门，而当林跑前跑后的时候，"元老"们按照"惯例"又将话题扯到美国占领伊拉克的热点新闻上去了。每当下班的时候，"元老"们都会迫不及待地奔出公司，而林则毫无怨言地收拾着遍地狼藉的办公室。"元老"们还打趣说，"新人都是活雷锋嘛"。

没多久，老总开会说设计部是公司的重心，要适当扩展，还要选出一个设计部部长。涉及各自的前途，平时人浮于事的那几个老职员，渐渐地收敛了许多。都想在老总面前留个好印象，以赢得升迁的机会。然而，不久，人选已经张贴在办公室外的公布栏了，是林后来居上了。

林在上任致辞时说，你们都以为新人做什么都是应该的，新人仿佛就是活雷锋，你们错了。当今职场就是战场，是没有战友，更没有活雷锋的，升迁的机会是靠自己把握的。

每个年轻人都应当尽力去做一些职责以外的事，而不是像机器一样只做分配给自己的工作。著名的企业家杰西·彭尼说："除非你愿意在工作中超过一般人的平均水平，否则你便不具备在高层工作的能力。"

每天多做一点，初衷可能并非为了获得回报，但往往你会因此而得到更多。

第一，在养成了"每天多做一点"的好习惯之后，与身边那些尚未养成此习惯的人相比，你已经占据了优势。这种习惯使你无论做什么行业，都会有更多的人知道你并要求你提供服务。

第二，如果你想让自己的右臂变得更加强壮，只有一种办法，就是利用它来做最艰苦的工作。反之，假如长时间不使用你的右臂，让它养尊处优，最后只能使它变得虚弱甚至萎缩。

社会在进步，公司在扩展，个人的职责范围也会跟着扩大。不要总拿"这不是我分内的工作"为由来推脱责任。一个人无论是分内还是分外的事，只要是公司发展需要的事都能够主动做好，那么他就是一个能够忙于要事的好员工。

千万不要让怒气左右你的工作

商业活动中，常有意想不到的事发生。由于商业活动带有很强的人情色彩，如果处理不好的话，不仅会伤及对方的自尊，严重的甚至会直接影响到商业的声誉和成败。

一天下午，一个外国人突然气势汹汹地闯进日本某饭店的经理室："你就是经理吗？方才我在大门口滑倒摔伤了腰。地板这么滑，连个防滑措施都没有，太危险了，马上领我到医务室去。"

见此情景，经理很客气地说："这实在抱歉得很，腰部不要紧吧？马上就领您到医务室，请您稍坐一下。"

外国人坐在椅子上，继续抱怨不停。饭店经理见对方已经镇定下来，便温和地说："请您换上这双鞋，我已和医务室联系好了，现在我就领您去。"

早在外国人闯进来时，经理已经看清他的腰部没有多大问题。所以当外国人离开经理室时，就把换下的鞋悄悄交给秘书说："这双鞋后跟已经磨薄了，在我们从医务室回来以前把它送到楼下修鞋处换上橡胶后跟。"

检查结果，果如所料，未发现任何异常，他本人也完全冷静下来，随后一同回到经理室。经理说：

"没有什么异常，比什么都好，这就放心了。请喝杯咖啡吧。"

外国人也感到自己方才太冒失了：

"地板太滑，太危险，我只是想让你们注意一下，别无他意。"

经理说："很冒昧，我们擅自修理了您的鞋，据鞋匠说，是后跟磨薄以致打滑。"

外国人接过刚刚修好的鞋，看到正合适的橡胶鞋跟时，对鞋匠高超的技巧大为惊讶，便高兴地说道："经理，实在谢谢您的厚意，对您给予的关怀照顾我是不会忘记的。"于是，愉快地握手后，外国人再次向经理道谢，方才走出经理室。

经理送他出门说："请您将这个滑倒的事忘掉吧，欢迎您再来。"外国人频频道谢，消失在人群中。

从此，只要这个外国人到日本，必定住进这个饭店并到经理室致意。

事情不总是一帆风顺的，因此，当面对意外情况时，首先是不要惊慌，要冷静，然后再去解决它。像饭店的经理，先以温和的语言将客人稳定下来，以柔克怒，再用周到的服务使一腔怒气化成满心欢喜，转祸为福，给饭店打造良好的声誉。

不妨听听别人的劝谏，这也许对你的
工作有帮助

不能给予他人忠告的人，不是真诚的人；不接受他人忠告的人，则是一个失败的人，正视自己的弱点，虚心纳谏，定能走向成功。

唐太宗是个有"广开言路，虚心纳谏"美名的皇帝。他曾问魏征："人怎样才能不受欺？"魏征说："兼听则明，偏听则暗。"太宗深以为然，但太宗在纳谏的过程中，自我中心意识也时时露头，例如他最喜欢的小女儿出嫁时，其嫁仪排场要超过大女儿。为此魏征直言谏阻，太宗到后宫见到长孙皇后发狠道："总有一天杀掉这个乡下佬！"皇后问是谁，太宗说："魏征当众侮辱我！"皇后不敢多话，马上换上朝服煞有介事地向太宗祝贺："古语说得好，'君明臣直'。魏征的直是陛下英明的缘故，妾特向陛下祝贺。"太宗这才消了怒气。皇后用巧妙的恭维话解决了问题。

唐太宗到了晚年，批评性的话语也不大听得进了。那些敢于进谏的大臣先后去世，他跟大臣们议事，常常是夸夸其谈，务必压倒对方为止，他刚强高傲，日胜一日，以致生活上好色自戕，竟服食方士丹药，政事上又有多处缺失，如大修宫殿，对高丽穷兵黩武；特别是在接班人问题上严重失策，让平庸无能的儿子李治（唐高宗）继位，导致后来武后专权。唐太宗在虚心纳谏方面，虽有"善始"，却没能有"善终"。

在人的自我中心意识中，包括了对自我评价的提高和对自身弱点、缺点规避缩小的倾向。人们在许多事物面前都能保持清醒的头脑，客观的态度，但是，当人们面对恭维和奉承，或是一点小小的赞誉时，就很难不陶醉。

伊索寓言里乌鸦经不住狐狸恭维自己"羽毛美""嗓子动听"，竟张开嘴唱歌，结果失去了嘴里的肉。我们每个人身上都或多或少地有这种自高自大的弱点，普通人在听到赞誉之词时会飘飘然，大人物亦在所难免。地位越高，权柄越重，越容易受阿谀奉承的包围，许多小人正是利用人性的这一弱点以售其奸的。

清代的乾隆皇帝，应当说是一个比较有知识和修养的皇帝了，但他同样自恃清高、自命不凡。他几下江南，遍游名山古刹，所到之处不是题字就是赋诗，然而他那些诗，没有一首是值得传之后世的。御用文人纪晓岚看透了他的这一弱点，便在主编《四库全书》时，故意在惹眼的地方留下一两处错漏之处，上呈御览，有心让乾隆过"高人一等"的瘾。乾隆当然发现了这些错误，发下谕旨加以申斥，心里十分得意，他甚至还召见纪晓岚，当众指正他的谬误。纪晓岚乘机对乾隆的"学识"倍加赞颂，此后他一直在乾隆手下官运亨通。

虽然中国历代朝廷常设有谏官，但真正虚心纳谏的皇帝却屈指可数，史书上有许多君王听不得大臣的谏言，甚至杀戮大臣。殷代的贤臣比干，因为对纣王的荒淫无道进谏而被杀，其尸体被剁成肉酱。春秋时期，吴国的贤臣伍子胥因为屡谏吴王夫差，夫差恼羞成怒，逼伍子胥自杀，抛尸长江。我国史官有秉笔直书的优良传统，但史官一旦记下诸侯贵族的丑恶，便难有容身之所。春秋时齐国大夫崔杼杀了齐庄公，太史照实记录："崔杼弑其君。"崔杼只凭此一条，下令杀了太史。太史的两个弟弟先后继任史官，仍然这么记，崔杼先后又把他们杀了。

可见，忠告有助于和他人建立真诚的人际关系，其作用不可轻视。不能给予他人忠告的人，不是真诚的人；不接受他人忠告的人，则是一个失败的人。

尽管许多人深明其中的道理，但还是厌恶他人的忠告，因为忠告听起来总不那么顺耳。究其原因，就在于一般人容易受感情的支配，即使心里有理性的认识，但仍易受反感情绪的影响而难以接纳他人给予的忠告。

只有那些正视自己的弱点，肯于接受别人的忠告，对任何事情都抱有客观态度的人，在事业上、工作中才能少走弯路。

做事留余地，经营有技巧

很多人从事某种职业时，都想把钱一次赚完，然后另谋他路。其实，这种想法要不得。钱不要一次赚完，况且一次也赚不完。如果希望一次赚很多的钱，可能是一种杀鸡取卵的做法。

去过餐馆吃饭的朋友都知道，我们点菜时，一般饭店、餐馆的服务生总是推荐给你较贵的菜，并且是越多越好，你花光身上所有的钱她也不会嫌多。

吉林长春市有一家餐馆却反其道而行之，几乎每一位服务生等到客人点菜点到一定程度时，都会说："我看你们的菜点得差不多了，够吃了。"

一般点菜的主人还是要坚持再点上几道菜，可是服务生仍然说："您的菜真的够吃了。"

这种情况无疑给点菜的主人一个下台阶的机会。而客人可能就会说："够了，够了，简单点就行了。"

服务生又说："吃着再说，不够再添吧。"

主人说："行行行，就这样，先吃着再说吧。"

正由于替请客的主人说出了他不好意思说的话，给主人一个下台的机会，以至于许多人由于第一次在这儿请客的感觉很好，也就有了第二次、第三次……第N次来这里请客。

正是服务生的一句话，牵来无数回头客，生意哪有不火之理？

替客方着想，抓住主客心理"下菜"，靠回头客提高效益，这实在是一种高明的举措。

很多时候，摆在我们面前的是利润高和利润低两种选择，我们只看见利润高的好处，却看不到，选择利润高的，有可能下次就无利可图。而选择利润低的，往往能赢得更大的市场，这次利润比较低，但下次还有利润，很多小利润，加起来就是一笔可观的利润。就如摆在我们面前的有五毛钱，有一元钱，而我们要五毛钱，不要一元钱，因为拿一元钱的机会只有一次，而五毛钱的机会会多一些。这在市场上可不是1+1=2那么简单的。

放下身份，路会越走越宽

几千年的封建社会虽然已成为过去，但它所遗留下来的很多思想还影响着我们，其中就有"万般皆下品，唯有读书高"，身为现代的年轻人，千万要摒弃这种思想。

有一位大学生，在校时成绩很好，大家对他的期望也很高，认为他必将有一番了不起的成就。

他是有成就，但不是在政府机关或大公司里有成就，而是卖蚵子面卖出了成就。

原来他是在毕业后不久，得知家乡附近的夜市有一个摊子要转让，他那时还没找到工作，就向家人"借钱"，把它买了下来。因为他对烹饪很有兴趣，便自己当老板，卖起蚵子面线来。他的大学生身份曾招来很多不以为然的眼光，但也为他招徕了不少生意。他自己倒从未对自己学非所用及高学低用产生过怀疑。

现在呢，他还在卖蚵子面线，但也搞投资，钱赚得比一般人不知多多少倍。

"要放下身份。"这是那位同学的口头禅和座右铭："放下身份，路会越走越宽。"

那位同学如果不去卖蚵子面线或许也会很有成就，但无论如何，他能放下大学生的身份，还是很令人佩服的。你不必学他非得去做类似的事情不可，但在必要的时候，实在也要有他的勇气。

人的"身段"是一种"自我认同"，并不是什么不好的事，但这种"自我认同"也是一种"自我限制"，也就是说"因为我是这种人，所以我不能去做那种事"，而自我认同越强的人，自我限制也越厉害。千金小姐不愿意和乡下女同桌吃饭；博士不愿意当基层业务员；高级主管不愿意主动去找下级职员；知识分子不愿意去做"不用知识"的工作……他们认为，如果那样做，就有损他们的身份。

其实这种"身段"只会让人路越走越窄，我并不是说有"身段"的人就不能有得意的人生，而是说我相信，在非常时刻，如果还放不下身份，那么会让自己无路可走。像博士如果找不到工作，又不愿意当业务员，那只有挨饿了；如果能放下身份，那么路就会越走越宽。

你如果想在社会上走出一条路来，那么就要放下身份，也就是放下你的学历、放下你的家庭背景，让自己回归到"普通人"。同时，不要在乎别人的眼光和批评，做你认为值得做的事，走你认为值得走的路。

"放下身份"的人比放不下身份的人在竞争上多了几个优势：

1.能放下身份的人，他的思考富有高度的弹性，不会有刻板的观念，而能吸收各种资讯，形成一个庞大而多样的资讯库，这将是他的本钱。

2.能放下身份的人能比别人早一步抓到好机会，也能比别人抓到更多的机会，因为他没有身份的顾虑。

在上司面前，不要把话说得太满

我在企业工作时曾经历过这样一件事：一天，处长把一项采购工作交给一位男同事，这件采购工作是有一定困难的，处长问他："有没有问题？"他拍着胸脯回答说："没问题，包君满意！"过了三天，没有任何动静。处长问他进度如何，他才老实说："不如想象中那么简单！"虽然处长同意他继续努力，但对他的"拍胸脯"已有些反感。

这是把话说得太满而使自己窘迫的例子。把话说得太满就像把杯子倒满了水，再也滴不进一滴水，再滴就溢出来了；也像把气球灌饱了气，再也灌不进一丝丝的空气，再灌就要爆炸了。当然，也有人话说得很满，而且也做得到。不过凡事总有意外，而这些意外并不是人能预料的，话不要说得太满，就是为了容纳这些"意外"。杯子留有空间就不会因加进其他液体而溢出来；气球留有空间便不会因再灌一些空气而爆炸；人说话留有空间，便不会因为"意外"的出现而下不了台，可从容转身。所以很多政府官员在面对记者的询问时，都偏爱用这些字眼，诸如："可能、尽量、或许、研究、考虑、评估、征询各方意见……"这些都不是肯定的字眼，他们之所以如此，就是为了留一点空间好容纳"意外"，否则一下子把事情说准了，结果事与愿违，那不是很难堪吗？有一位朋友和同事闹得不愉快，他向同事说："从今天起，我们断绝所有关系，彼此毫无瓜葛……"说完话还不到两个月，他的同事成为他的上司，我的朋友因讲过重话，只好辞职他就。当然，一个有责任心的政府官员是不会把话说得太满的，但做人做事有时实在是不得不如此。

以下的状况是你在说话时应该注意的。

1.做事方面

①对别人的请求可以答应接受，但不要"保证"，应代以"我尽量，我试试看"的字眼。

②上级交办的事当然接受，但不要说"保证没问题"，应代以"应该没问题，我全力以赴"之类的字眼。

这是为了万一自己做不到所留的后路，而这样子说事实上也无损你的诚意，反而更显出你的审慎，别人会因此更信赖你，事没做好，也不会责怪你。

2.做人方面

①与人交恶，不要口出恶言，更不要说出"势不两立"之类的话，除非有"杀父夺妻"之仇。不管谁对谁错，最好是闭口不言，以

便他日需要携手合作时还有"面子"。

②对人不要太早下评断，像"这个人完蛋了""这个人一辈子没出息"之类属于"盖棺定论"的话最好不要说，人一辈子很长，变化很多的。也不要一下子评断"这个人前途无量"或"这个人能力高强"。总之，应多用"是……不过……如果"之类的话语。

当然，状况并不止我说的这几个。固然把话说满有时也有实际上的需要，但我认为，除非必要，还是保留一点空间的好，既不得罪人，也不会把自己陷入困境。总之，学学政府官员，多用中性的、不确定的词句就对了。

保持自我本色

我们每个人都是世上独一无二的，你就是你自己，你无须按照他人的眼光和标准来评判甚至约束自己，你无须总是效仿他人。保持自我本色，这是最重要的一点。

我们每个人的生活面貌都是由自己塑造而成的，如果我们能学会接受自己，看清自己的长处，明白自己的短处，便能踏稳脚步，达到目标。这样就不至于浪费许多时间精力，空自苦恼。发现自我，秉持本色，这是一个人平安快乐的要诀，然而，现实生活中却有很多人做不到这一点。

北卡罗来纳州的伊丝·欧蕾太太曾说过："我从小就对害羞非常敏感，我的体重过重，加上一张圆圆的脸，使我看起来更显肥胖。我的妈妈十分守旧，她认为我无须穿得那么体面漂亮，只要宽松舒适就行了。所以，我一直穿着那些朴素宽松的衣服，从没参加过什么聚会，也从没参与过什么娱乐活动，即使入学以后，也不与其他小孩一起到户外去活动。因为我怕羞，而且已经到了无可救药的程度，我常常觉得自己与众不同，不受他人的欢迎。长大以后，我结婚了，嫁给了一个比我大好几岁的男人，但我害羞的特点依然如故。婆家是个平稳、自信的家庭，他们的一切优点似乎在我身上都无法找到。生活在这样的家庭之中，我总想尽力做得像他们一样，但就是做不到。家里人也想帮我从封闭中解脱出来，但他们善意的行为反而使我更加封闭。我变得紧张易怒，躲开所有的朋友，甚至连听到门铃声都感到害怕。我知道自己是个失败者，但我不想让丈夫发现。于是，在公众场合我总是试图表现得十分快活，有时甚至表现得太过头了，于是事后我又十分沮丧。因此我的生活失去了快乐，我看不到生命的意义，于是只好想到自杀……"

这是现实生活中一个典型的失去自我之例。后来，这位女子并没有自杀，那么是什么改变了这位不幸女子的命运呢？竟然是一段偶然的谈话！"但一段偶然的谈话却改变了我的整个人生。"欧蕾太太继续说，"一天，婆婆谈起她是如何把几个孩子带大的。她说：'无论发生什么事，我都坚持让他们秉持本色。''秉持本色'这句话像黑暗中的一道闪光照亮了我。我终于从困境中明白过来——原来我一直在勉强自己去充当一个不太适应的角色。一夜之间，我整个人就发生了改变，我开始让自己学会秉持本色，并努力寻找自己的个性，尽力发现自己究竟是一个什么样的人。我开始观察自己的特征，注意自己的外表、风度，挑选适合自己的服饰。我开始结交朋友，加入一些小组的活动，第一次他们安排我表演节目的时候，我简直吓坏了。但是，我每开一次口，就增加了一点勇气。过了一段时间，我的身上终于发生了变化，现在，我感到快乐多了，这是我以前做梦也想不到的。此后，我把这个经验告诉孩子们，这是我经历了多少痛苦才学习到的——无论发生什么事，都要秉持自己的本色！

羡慕别人不如羡慕自己

莱茵河畔，一位青年正垂头丧气地来回走动着，他心烦意乱，真想跳进河里一死了之。可他舍不得这个世界，正在犹豫不决。一位牧师经过他的身边，停下来问道："小伙子，你有心事吗？"

青年深深地叹了口气说："我叫莱恩。但上帝从来没给我恩赐，年近30岁一事无成，身上一分钱也没有，家里还有个叫人看了就恶心的黄脸婆，这样的日子我真受够了。"牧师听了微笑着问道："莱恩先生，那么你的理想是什么呢？说出来，看看我能不能帮你实现。"莱恩说："我曾经有三个理想：做像怀特那样的超级大富翁，做像斯皮尔那样的高官，如果这两个不能实现，那么我想娶布蕾丝那样的漂亮女人做妻子。"牧师笑着说："莱恩，这很容易，你跟我来吧！"说着，他转身就走。莱恩大喜过望，紧紧跟在了后边。牧师领着莱恩先来到世界超级富翁怀特的豪宅，只见他正躺在床上大声咳嗽，脸色蜡黄，面前的金盆里是他刚吐过的带血丝的痰。牧师转身对莱恩说："怀特先生不惜牺牲自己的健康追求财富，为了得到财富，他付出了超负荷的精力，结果财富得到了，他却累倒了。他还不知道自己的三个儿子正祈祷他早日升天，好早日继承遗产呢。"

牧师说着，领着莱恩来到另一间房间，只见怀特的三个儿子正在和几位漂亮小姐喝酒，一副声色犬马的样子，莱恩看了十分恶心，不由掉转身子。牧师对莱恩说："我们再去拜访一下议长斯皮尔吧！"两人又来到斯皮尔的官邸，只见他身边围着几个人，显然是保镖。斯皮尔吃饭，保镖先尝，斯皮尔睡觉，保镖都瞪大了眼睛盯着他，就是斯皮尔上厕所，他们也在马桶旁蹲着。牧师对莱恩说："斯皮尔的政敌很多，稍不注意就要遭到黑手，他就是上街散步，保镖都寸步不离。"莱恩叹了口气，失望地说："那他和蹲监狱有什么两样？"牧师无奈地摇摇头说："我们再去看看当代最红、最性感的女明星布蕾丝吧。"说着，他领着莱恩来到布蕾丝的家里。

布蕾丝正冲一位菲律宾用人大发脾气，她甚至拿起手里的烟头朝用人身上按，用人的皮肤上很快起了泡。用人硬挺着不敢呻吟。牧师悄悄对莱恩说："如果他发出惨叫的话，将招致更严厉的惩罚。"布蕾丝折磨完用人，要回房睡觉了，这时一个女用走进来对她说："小姐，伯格先生求见。"布蕾丝眼皮也不抬地吩咐道："叫他给我滚出去，今天我已经和他离婚了，与他什么关系也没有了。"用人小心地答应着要退出去，布蕾丝又说："顺便带个信儿给他，明天我就要和我的第12任丈夫结婚了，他有兴趣的话，可以来参加我们的婚礼。"说完，"啪"的一声关上了房门。

莱恩看得目瞪口呆。从布蕾丝家出来后，牧师问莱恩："小伙子，三个理想，你随便挑一个，我都可以替你实现。"莱恩想了一会儿，说："不，牧师，其实我什么也不缺，与怀特先生相比，我有他所有金钱都买不来的健康；与斯皮尔先生相比，我有他没有的自由；至于布蕾丝嘛，我老婆可比她贤淑善良多了……"牧师满意地伸出手来和莱恩相握，莱恩满脸笑意，一抹温暖的阳光洒在他们的身上。生活中，每个人都会有不尽如人意的地方。我们不妨换个角度去看，你会发现，你自己什么也不缺，你应该羡慕你自己。

忠诚是做人的一面金字招牌

忠诚是做人的一种素质，更是做人的一面金字招牌。只有忠诚，才能被人信任；被人信任，才能获得机会；有了机会，才能展现和锻炼自己的能力；有了能力，才能闯出一番事业。这是生存与发展的必备条件，适用于任何时代。

小狗汤姆到处找工作，忙碌了好多天也毫无所获。它垂头丧气地向妈妈诉苦说："我真是个一无是处的废物，没有一家公司肯要我。"

妈妈奇怪地问："那么，蜜蜂、蜘蛛、百灵鸟和猫呢？"

汤姆说："蜜蜂当了空姐；蜘蛛在搞网络；百灵鸟是音乐学院毕业的，所以当了歌星；猫是警官学校毕业的，所以当了保安。和它们不一样，我没有接受高等教育的经历和文凭。"

妈妈继续问道："还有马、绵羊、母牛和母鸡呢？"

汤姆说："马能拉车，绵羊的毛是纺织服装的原材料，母牛可以产奶，母鸡会下蛋。和它们不一样，我是什么能力也没有。"

妈妈想了想，说："你的确不是一匹拉着战车飞奔的马，也不是一只会下蛋的鸡。可你不是废物，你是一只忠诚的狗。虽然你没有受过高等教育，本领也不大，可一颗诚挚的心就足以弥补你所有的缺陷。记住我的话，儿子，无论经历多少磨难，都要珍惜你那颗金子般的心，让它发出光来。"

汤姆听了妈妈的话，使劲地点点头。

在历尽艰辛之后，汤姆不仅找到了工作，而且还当上了行政部经理。鹦鹉不服气，去找老板理论，说："汤姆既不是名牌大学的毕业生，也不懂外语，凭什么给它那么高的职位呢？"

老板冷静地回答说："很简单，因为它很忠诚。"

虽然，考察一个人是否优秀，有许许多多的素质要求——学历、能力、勤奋、主动、正直、负责……但有一点是肯定的，人们更愿意信任那些忠诚的人。阿尔伯特·哈伯德说过："如果能捏得起来，一盎司忠诚相当于一磅智慧。"意思是说，忠诚比智慧更加珍贵。如果一个人没有忠诚，即使能力再高、本事再大，对公司也不会有太大的价值，并且潜在的危害一直存在，想得到老板的重用几乎是不可能的。

索尼有这样一句话："如果想进入公司，请拿出你的忠诚来。"这是每一个意欲进入日本索尼公司的应聘者常听到的一句话。索尼公司认为：一个不忠于公司的人，再有能力，也不能录用，因为他可能为公司带来比能力平庸者更大的破坏。朗讯CEO鲁索说："我相信忠诚的价值，对企业的忠诚是对家庭忠诚的延续。我从柯达重回朗讯，承担拯救朗讯的重任，这是我对企业的一份忠诚。我一直把唤起员工对企业的忠诚作为自己努力的目标。"

"心正"与"意诚"是古代中国儒家心目中修身、齐家、治国、平天下的基础。先有心正才会有意诚，意诚后身修，身修而后家齐，家齐而后国治，国治而后天下平。没有忠诚，便没有真正的信仰，也很难结交到真正的朋友。忠诚建立信任，忠诚促进亲密。只有忠诚的人，才会得到周围人的尊重、信任与钦佩，从而获得很大的发展空间。

选择诚信才会拥有快乐

美国有位妇女叫凯瑟琳·克拉克，她开了一家面包公司。开业之初，她就公开宣布，自己公司的经营原则只有一条"以诚取信"。为此，她规定自己生产的面包如超过3天不得出卖，凡是超过3天卖不出去的面包由公司收回销毁，这样的规定虽然使公司增加了不少麻烦，也造成了一定的损失，但由于它信誉好，面包新鲜，结果销量直线上升，赢得了越来越多的客户。凯瑟琳面包公司的生意因此越来越好了。

有一年秋天，加州发生了水灾，粮食紧缺，面包一度脱销，许多人因买不到面包而挨饿。尽管如此，凯瑟琳依然坚持自己的原则不动摇，照样派人将超过3天的面包从各个销售点收回来。一次，运货员从几家偏远的商店收回了一批过期面包，在途中被一些饥民截住，他们提出要购买车上的面包。运货员碍于公司的规定，说什么也不答应，引起了饥民的一致抗议。他们围住货车，说什么也不让车走，于是双方发生争执，人也越聚越多。

几个敏感的记者闻讯纷纷前来探究缘由。运货员无可奈何地说："不是我们不通情理，不愿意卖给他们。实在是我们公司有严格规定，严禁在任何情况下将过期面包卖出去，如果明知故犯，将被开除。我也不能因违反公司规定而砸了自己的饭碗呀！"记者听了，对运货员忠于职守，严格按公司规定行事的行为十分赞赏，但他们又劝说道："先生，现在是非常时期，你就灵活一下，把车上的面包卖给他们吧，总不能看着他们挨饿你却无动于衷吧？这样也太不近情理了。"

运货员面有难色地说："不是我不近情理，只是公司规定……"说到这里，他突然眼睛一亮，对记者说："主动卖面包我是万万不同意的，但是如果他们强行上车去拿我是没有办法的。""强行上车拿面包岂不是公开抢劫？"记者不解地反问道。

"如果拿了面包，又留下了钱，抢劫面包不就变成强买面包了吗？非常时期强买应算不得什么大事。"运货员说罢，狡黠地一笑。在场的人恍然大悟，大家一拥而上将车上的面包"强买"一空。运货员假装阻拦，记者举起相机，拍下了这一动人的场面。

几天后，凯瑟琳面包公司信守许诺，宁可将过期面包收回，也不违反原则的新闻见诸报端，成为轰动一时的新闻，引起了无数人的称道。他们诚实无欺的公司原则在人们心中留下了难忘的印象。当经济转入正轨，生活恢复平静之后，各面包公司之间的竞争十分激烈，凯瑟琳经营的面包公司因为信誉好，大家十分信赖，营业额直线上升，在短短的半年时间里销量增加了5倍多，令其他公司望尘莫及。业务量扩大了，凯瑟琳的经营宗旨却始终不变，在经销商和消费者中间享有的信誉长久不衰。光是这一点就为她带来了滚滚财源。经过10年的努力，凯瑟琳的家庭小面包公司一跃成为现代化的大企业，每年的营业额由最初的2万美元增加到400万美元，凯瑟琳成为名副其实的百万富婆。

不怕犯错，才能不犯同样的错

二十几岁的年轻人，缺少阅历，没有经验，怎么能保证自己不犯错误呢？犯错误不要紧，只要吸取教训，不再犯同样的错误，这就是一种收获。

二十多岁刚出校园，就算你的理论基础再扎实，遇到实际问题的时候，往往还是不知道如何运用，于是就会犯错误。

英国作家王尔德说："经验是每个人给自己所犯的错误取的名字。"美国的科学家约翰·惠勒更是直言不讳："我们所要做的一切，就是尽可能地快点犯完错误。"作家和物理学家在对待错误的认识层面上具有惊人的相似性和戏剧效果的巧合，这两句跨越时空的对白几乎说出了所有关于经验和错误的事实。

其实，二十几岁的时候，就算犯了错误也不可怕，人在错误中学习来得更深刻。问题是,犯错误也要犯得有品位。这意思就是说，同样的错误不要再犯。我们从错误中得到经验，而经验促使我们走向成功。

我们几乎每一天都能从各种各样的媒体中听到别人成功的欢呼和感受到成功者的喜悦。的确，二十几岁，正是理想张扬的年纪，有谁会不希望自己也能有这样的日子呢？有谁会不渴望有这样的成就呢？

可是，为什么二十几岁的我们总是停留在原地呢？是因为二十几岁的我们被错误束缚了手脚，认为错误是很严重的事情，认为一失足就成千古恨。所以我们不敢尝试，不敢尝试就无法突破，无法突破就停滞不前。

喜鹊和乌鸦同时向百灵鸟学习唱歌。喜鹊的基础没有乌鸦好，但是它反复练习，不怕犯错误，在百灵鸟的指导下一天天进步。而乌鸦自恃天赋较高，又怕犯错误被别人嘲笑，一直不肯开口练习。终于喜鹊学成毕业，成为森林歌王，而乌鸦则一事无成，只要它一叫就会招来一片怒骂声。

综观许许多多的成功人士，无不是在错误中反思，从错误中成长起来的。世界上没有人不犯错就获得了成功，可以这么说，成功是建立在错误的基础上的。对于二十几岁的我们则更是如此。从大错到小错，从小错到无错，从无错到成功，这永远是不变的真理。

已经获得成功的人和二十几岁还在徘徊中的人，其最大的区别就在于，成功的人敢于犯错，而且犯了很多不同的错误；但二十几岁的年轻人，则不敢犯错，甚至希望一个错误都不要犯。

爱因斯坦和他的同学曾经是要好的朋友。爱因斯坦四岁还不会说话，七岁还不识字，常常犯错误。而他的同学是个乖孩子，很少犯错误。为此，爱因斯坦没少受父母、老师的批评，而他的同学则经常受到老师和父母的表扬。那时候，爱因斯坦的老师就断言，这个孩子实在是太笨了，将来肯定不会有出息。理由是：他脑子有问题，老是犯错误。而最后，爱因斯坦成了举世著名的物理学家，而他的同学，那个几乎不犯错误的孩子又有几个人能够记得他呢？

二十几岁的年轻人，就要像爱因斯坦一样勇于犯错误。现实中很多事情可以参照过去人做事的办法，然而很多办法却是无法复制的，毕竟事过境迁，而且更多的事情是前人所没有遇到过的，根本谈不上学习前辈的办法。

要知道实践出真知，二十几岁的人只得去尝试，错误当然在所难免。但敢于犯错误不是盲目蛮干，是对错误有预见和估算的自信，是有敢为人先的气魄。勇于犯错是对未来的实力挑战，是探索未来的锋利宝剑。

是的，二十几岁的年轻人要敢于犯错误，但要尽量少犯同样的错误。聪明人和愚蠢人的区别就是，聪明人同样的错误只犯一次，而愚蠢人同样的错误会犯多次，甚至是屡教不改。我们允许自己犯错，但我们不能允许自己同一个错误犯两次，甚至三次。

郑杭是一家房地产公司的销售员，他刚来公司的时候销售业绩排在倒数第一，一年后就成了销售冠军。此后，郑杭的销售业绩稳步增长，月月得冠军，年年得冠军。很多同事羡慕不已，向郑杭取经，问他有什么秘诀。郑杭从包里拿出一个黑色的笔记本，对同事说："这就是我的秘诀。"同事翻开一看，里面密密麻麻地记载了郑杭与客户打交道时所犯下的每一次错误，以及每一次犯错误后的心得。

所以，面对错误的心态同样重要。面对错误，我们是放纵，还是置之不理，还是总结经验教训？

错误一方面使二十几岁的年轻人陷入困境，另一方面也促使他们警醒。二十几岁的年轻人要善于从错误中思考和总结。如果我们对自己犯的错误置之不理，那么错误对我们来说仅仅就是一个错误，而不会成为经验和教训。

二十几岁的人最应该学习的是总结错误，理性地回想，这是从实践上升到理论的必经之路。思考错误是智慧的升华，是预见未知、开拓新空间的前提。只有善于分析错误，才能有所收获。如何使犯错误的成本降至最低？如何使犯错误的人进步得更快？答案只有一个，那就是：同样的错误只犯一次！

别把自己看得很了不起

唐代花间派词人的代表人物温庭筠，原是宰相温彦博的后代。他才思过人，名词佳句传遍天下。但他一生落魄坎坷，屡试不第，只好流落于江淮之间，潦倒一生。究其原因，就是因为他不懂得为人处世的基本道理，不知道如何与人相处，结果是空误了满腹才情，终其一生功名无成。

温庭筠在诗文辞赋上费尽了苦心，但却不注意自己的穿着仪容，嗜酒好赌，经常与一些无赖子弟聚赌生事，动辄喝得醉醺醺。因为他的形象不堪入目，人送外号"温钟馗"，由此可知他是何等的不注意修身。虽然温庭筠小节不修，但江淮的一个官员姚勖却非常怜惜他的才华，送给他一笔银子，用以资助他求学上进。不想温庭筠却把这些钱全都花在了寻花问柳上，虽然是文士风流，但终究有负姚勖的期望。于是，姚勖非常生气，就把温庭筠叫来打了一顿板子，希望他能够改过自新。

但这顿板子，并没有让温庭筠悔改，反而因此送掉了姚勖的性命。

温庭筠的姐姐非常疼爱温庭筠，她认为弟弟之所以屡试不第，就是因为姚勖惩罚了他的缘故。所以，有一次姚勖去拜访她丈夫的时候，她冲出门来，抓住姚勖破口大骂。姚勖受此羞辱，连气带病，竟然被活活气死了。

实际上，温庭筠屡试不第，与姚勖一点关系也没有，而是他考试的时候喜欢作弊。本来以他的才情，别说是用不着作弊，就算是闭着眼睛，也能中举。可是，他每次答完自己的试卷之后，就替别的考生答卷，而且一答就是数人。所以，他又有一个"救数人"的外号。考官沈侍郎虽然知道他不守规矩，但还是不忍心因此而失去这个人才，就有意将他的座位单独安排。但温庭筠习性不改，竟然一次性给八个考生口述答卷。到了这种地步，考官只能剥夺他的进士资格。

当时，皇帝非常喜欢《菩萨蛮》的曲调。宰相令狐绹为了投其所好，就把温庭筠的作品假充是自己所作，送入宫中，并叮嘱温庭筠万不可以说出去。但是，温庭筠前脚离开令狐绹的门，后脚就到处宣扬这件事，让令狐绹丢尽了颜面。而后温庭筠又讥讽令狐绹，说他没学问、没文化。令狐绹心里虽然生气，但他毕竟不是无行小人，只是贪名而已，所以并没有报复温庭筠，仍然视他为朋友。

可是，温庭筠却因此而憎恨令狐绹，恨他不让自己中举，有意回避令狐绹，继续酗酒闹事，结果触犯禁令，被巡夜的虞候抓住打掉了牙齿。于是，温庭筠又去找令狐绹哭诉。令狐绹闻之大怒，就命人将打伤温庭筠的虞候拘来，替温庭筠出气。不想虞候却如实说出了温庭筠当时的丑事。从此，温庭筠的污秽行为传遍了天下，温庭筠的仕途进取之路也就这样被他自己亲手断送了。

像温庭筠这样倚仗自己有才有能，却不明白做人处世的基本道理，凡事只论人之过，闲时招惹是非，是社会生存之大忌。所以，当子贡问起如何在官场上谋生的时候，孔子指点他说：凡事要多看，多学，多经历，多体会，不要轻易表露自己的疑问，任何时候都不可以轻率地表达自己的态度和观点，因为你任何形式的表达都有可能引发别人的不安心理。所以，少说话，多用两只眼睛看，是人生成功的不二法门。

无论拥有怎样出众的才智，一定要谨记：不要把自己看得太了不起，不要把自己看得太重要，不要把自己看成是救国济民的圣人君子，还是收敛起你的锋芒，掩饰起你的才华吧。

现在的许多年轻人通常会把自己估高，有些人根本没有什么一技之长，却不愿意干简单普通的工作；许多大学生刚刚毕业就以为自己是人才了，就希望社会能争相高薪聘请，有时甚至有单位来聘用还挑三拣四不愿意去，宁愿什么也不干，也不愿意像其他人一样去工作。

世界上总有这么一些人，总是会因为过于高估自己而忽略了尊重别人，却不想想任何事业都是由许多人合作而完成的。如果你不知道应该在适当的时候闭上嘴巴，或者是心里缺乏对别人的敬意，那么，你的事业必然是一无所成的。

刚愎自用害处多

刚愎自用的人自恃有一定的能耐，在自己的工作、事业上做出过一定的成绩，因而自大自傲，自我感觉良好，甚至达到了自我陶醉、不可一世的地步。有的刚愎自用的人甚至还是典型的自我崇拜狂，看他人是"一览众山小"，认为自己什么都是对的，别人统统都是错的，这类人个性孤傲，对人冷若冰霜。

刚愎自用的人都很顽固、守旧、偏执。对于某种理念，过于专注，他认准了的事，就坚持到底，死不回头，还固执地认为自己是在坚持原则、坚持真理。实际上，他们认的却是死理儿，一点灵活性都没有。这类人面对世界的发展进步，总觉得是不可思议或是在瞎胡闹。自己的这种想法，明明是与时代潮流相违背的，却反过来认为是时代在倒退，一代不如一代。这类人对新事物、新人物、新现象、新趋势一百个看不惯，视为洪水猛兽。有时，他们的言行比保守派还保守、比顽固派还顽固。

刚愎自用的人自尊心极强，一点都冒犯不得。谁若是当面顶撞了他，尤其是在大庭广众之下顶撞了他，他就会火冒三丈，认为这是在故意和他过不去，故意让他下不了台，是故意在寻衅。他就会从此记在心上形成伤口，而且这个"伤口"很难愈合，往往一辈子都难以忘掉。以后，他一有机会就会对"发难者"进行打击报复。

刚愎自用的人一般都是好大喜功的人。这类人喜欢自我肯定、自我表彰，做了一点点有益的事，就沾沾自喜，到处表功，唯恐他人不知道。这类人也只喜欢听吹捧的话，不喜欢听不同的意见，更不喜欢听反对的话，因而在他的周围聚集着一帮献媚于他的小人。这些小人会投其所好，在他的面前搬弄是非。

刚愎自用的人大都是从来不认错的人。这种人对自己的眼光和能力从来都不怀疑，有时明明是自己错了，却就是不承认；明明是自己将事情搞得很糟，但就是不认账；明明是自己的指导思想出了问题，却偏偏说是他人将他的思想理解错了……总之，黑的说成是白的，错误变成了真理，成绩永远是自己的，错误永远是他人的，即便是他有错，也是"一个指头和九个指头"，是"七分成绩和三分缺点"，因而经常倒打一耙，反诬批评者不怀好心。不仅如此，为了杜绝批评者的反对声音，还会利用权势大整特整那些批评者。这类刚愎自用者不肯悔改又不听他人劝告的特点，往往会使他们在错误的道路上越走越远，与自己原来美好的奋斗目标南辕北辙。

刚愎自用是一种非常可怕的坏毛病，它可以使人越来越不知道天高地厚，离真理越来越远，离逆境越来越近。那么，**怎么纠正或消除刚愎自用这一坏毛病呢？**

一是要谦虚，虚荣心不要太强，应尽量听取别人的意见。心太满，就什么东西都装不进去了；心不满，才能有足够装填的空间。

二是学会理解别人、体贴别人，尽量减少盲目和偏执。要善于发现别人见解的独到性，以便多角度、多方位、多层次地观察问题。无论如何，不能一听到不同意见就勃然大怒，更不能利用权势将他人的意见压下去、顶回去。这样做是缺乏理智的表现，是无能的反应，只会百害而无一益。

三是要有宽容的心态。只有互相宽容，才能做到彼此之间的平等和民主。学会宽容，就必须学会尊重别人。尊重领导，人们一般都容易做到，而尊重比自己"低得多"的人，尊重被自己领导的人，却很难很难。什么叫尊重呢？就是认真地听，认真地分析，对的要吸收，并要付诸行动。即便是不对的，也要耐心地听，耐心地解释，做到不小气、不狭隘、不尖刻、不势利、不嫉妒，从而将自己推到一个新的思想修养高度。

总之，一个人若不能克服刚愎自用这种坏毛病，他终有一天会碰得头破血流，后悔莫及。

卖弄才学不可取

"木秀于林，风必摧之。"聪明人首先要学会保全自己。

一群猴子住在江边的一座山上。这座山飞瀑流泉，树木繁茂，风景十分秀丽。

有一天，吴王带着随从乘船在江上游玩。当他发现这风景秀丽的猴山时，感到异常兴奋。吴王令随从在猴山脚下泊船，他要带领他们下船登山。

山上的猴子们往日平和与宁静的生活，突然被这么多上山来的人打破了。它们吓得惊慌失措，四下逃窜，躲进荆棘深处不敢出来。

一只猴子却与众不同，它从容自得地停留在原地，一会儿抓耳挠腮，一会儿手舞足蹈，满不在乎地在吴王面前卖弄着它的灵巧。吴王用箭射它，这只猴子并不害怕，吴王射过去的箭都被它敏捷地抓住了。吴王有些气恼，便命令随从一起追射这只猴子。面对这么多人射过来的箭，猴子难以招架，当即被乱箭射死。

这只猴子倚仗自己的灵巧，不顾场合地卖弄自己，就这样丢掉了自己的性命。做人应以此为戒，千万不要恃才傲物，在人前显示和卖弄自己的雕虫小技。否则，必将作茧自缚，甚至给自己招来杀身之祸。

随着秦统一战争的不断胜利，吕不韦的权势也一天比一天大，甚至盖过了秦始皇。秦始皇亲政后，以吕不韦私通叛党之名，免除了吕不韦的相国之职，让他去河南就职。

吕不韦到了河南之后，河南就变成了政治、经济、外交，甚至是文化中心。各国使节或是来访大臣到咸阳之前，都会先到吕不韦那里停留议事。到达咸阳见秦始皇时，他们所提出的往往是在吕不韦那里得到的结论。在咸阳的大臣遇有重大问题和疑难事件时，也会和吕不韦书面往来商议，甚至亲自跑到河南求教。秦始皇闻之，心中越发担心了。谁知吕不韦一点也没有收敛的迹象，他召集门客吟诗著作，议论时事，俨然成了首脑。吕不韦的门客到处游走，希望为他重新选一个主人。也有的国君，极力要求吕不韦到他们的国家担任重要的官职。

吕不韦越来越大胆了，还企图利用这个有利条件再次发家。这次秦王终于忍不住了，他不能坐视吕不韦的风头盖过自己，也无法容忍吕不韦对他的权威提出挑战。秦始皇送给吕不韦一封信，信上写道："你对秦国有什么功劳，秦国要封你河南十万户？你与秦王是什么亲属关系，可以称为'仲父'？你和你的家属还是滚回蜀地去吧。"

吕不韦已经年迈，怎么能够走到四川呢？吕不韦知道事情已不可挽回，便饮鸩而亡。

吕不韦的悲剧就在于他超越了做人的界限，他声势显赫，"傲"字当头，给秦始皇造成了巨大的威胁。从这个层面来说，吕不韦的悲剧不可避免。

智慧的人都知道藏而不露，有了一点点本事就喜欢卖弄的人是愚蠢的。在职场上，这种人往往狂妄自大，树敌太多，与同事不能水乳交融地相处。究其原因，就是因为在语言表达、行为举止上锋芒太露，以致影响到他人。

这种锋芒好比额头上长出来的角，如果你不想办法自己磨平，时间久了，必会被人折断。那时候，你受的伤就重了。

把握露与不露的分寸

初入社会时，也许你会觉得一定要全面展示自己，这样才能在同辈中脱颖而出，是千里马就应该跑在最前头。但是，也有人会告诫你："年轻人切忌锋芒太盛，应当藏而不露。"其实，这两种说法都走了极端。如果你能学会儒家的中庸之道，半藏半露会让你更加出色。

或许你有别人不具有的特殊才能，甚至还有经天纬地之才。但刚刚进入一个新的工作环境，没有人了解你。领导看你就像一张白纸，文章做得怎么样就看你的发挥了。

因此，从这个角度讲，要想怀才而遇，就必须才华外露。不露，就没人知道你有这种才能；领导不了解你，也就没法重用你、提拔你。如果你把自己的能力一直隐藏起来，时间一久，领导就会认为你是无能之辈，不再理你了。

"露"还要看你的领导是怎样的人。上司开明，他会因你外露的才能而重用你。如果你在嫉贤妒能的领导面前"露"起来没完，就要走背运了。有些领导不愿意把风采和才华俱胜于己的人留在身边，因为他们要防着被人取而代之。在这样的领导面前乱露而走背运的例子从古至今比比皆是。

《庄子》中的"直木先伐，甘井先竭"，说的也是这个道理。挺拔的树木容易被伐木者看中，甘甜的井水最容易被喝光，才华横溢、锋芒毕露的人也最容易受到伤害。因此，作为一个人，尤其是作为一个有才华的人，要把握好露与不露的分寸，既有效地保护自我，又充分发挥自己的才华，不仅要战胜骄傲自大的病态心理，凡事不要咄咄逼人，而且要养成谦虚让人的美德。当你志得意满时，切不可趾高气扬，目空一切，这样你才不会被别人当靶子打。所以，无论你有怎样出众的才智，一定要谨记：不要把自己看得太了不起，不要把自己看得太重要，还是暂时收敛起锋芒、掩饰起才华最为明智。

在现实生活中，有些人处世不留余地，办事咄咄逼人。他们虽然也有充沛的精力、很高的热情，也有一定的才能，却往往过于天真，没有把握好露与不露的关系。有一位分配到某单位的大学生，他从下车间开始，就对单位这也看不惯，那也看不顺。未到一个月，他就给单位领导写了洋洋万言的意见书，上至单位领导的工作作风与方法，下至单位职工的福利，他一一综列了现存的问题与弊端，提出了周详的改进意见。他被单位的某些掌握实权的领导视为狂妄、骄傲乃至神经病，不仅没有采纳他的意见，还借别的理由将他退回学校再做分配。两年之内，他因同样的情况，换了好几个单位，而且一个比一个更不如意，他牢骚更甚，意见更多。

此人作为锋芒毕露的典型，在新的人际交往圈子中未能处理好包括上下级在内的各种关系，加上在工作上又不注意讲究策略与方式，结果不仅没能最大限度地发挥个人的才能，还招来了妒忌和排斥。这种人就是看不到社会的复杂性，把社会看得过于简单和理想化，而且不懂得及时改变自己的思想。他们往往不能因为锋芒毕露而走向成功，却极易因屡受挫折而一蹶不振。

锋芒太露而惹祸上身的典型在旧时是为人臣者功高震主。打江山时，各路英雄汇聚一个麾下，锋芒毕露，一个比一个有能耐。主子当然需要借这些人的才能实现自己图霸天下的野心。但天下已定，这些虎将功臣的才华不会随之消失，他们的才能又成了皇帝的心病，让他感到威胁。所以，屡屡有开国初期滥杀功臣之事，所谓"杀驴"是也。韩信被杀，明太祖火烧庆功楼，无不如此。

锋芒是非常扎眼的，会让许多心胸狭窄的人受不了。一些急于显露自己才能和实力，处处张扬自己的人，往往会"出师未捷身先死"。而一些善于掩饰自己的人，却往往能抓住时机，一举成功。含蓄节制乃生存与制胜的法宝，需要你在为人处世中慢慢修炼。

哥们儿义气害人害己

某单位火车司机和副司机两人，工作上是长期搭档的伙伴，生活中是亲如兄弟的"哥们儿"，可就因为"哥们儿义气"太重，双方都为此付出了沉重的代价。

一天，两人当夜班执行调车作业，副司机在下半夜精力不济，打起盹来。司机出于"兄弟情谊"没有吭声，心想，自己多辛苦点就是了。谁知，睡意也渐渐向司机袭来，仅一分钟，机车就越过关闭的信号机，造成挤岔事故。事后，两人在总结事故教训时，都后悔不迭地异口同声说："哥们儿义气害死人！"

所谓"哥们儿义气"，就是为了朋友私情而抛弃原则的一种狭隘义气，说到底，是建立在利己主义思想基础之上的：你对我有恩，我对你有义，你给我好处，我给你报答，就是这么一种交换关系而已。因此，给有"哥们儿义气"的同志送上陈毅元帅的一句诗以劝勉："难得是净友，当面敢批评。"

下面同样是一个因为讲哥们儿义气而最终把自己送进监狱的事例。

曹某某，男，51岁，原北京市门头沟区某镇财政所所长、小康办主任。2002年因挪用公款罪被判处有期徒刑5年。

提起曹某某，在门头沟区有很多人都知道。他担任镇财政所所长多年，又负责该镇招商引资工作，手中着实有点权力。为人又喜欢交朋友，愿意给朋友帮忙，因此，他在社会上交了许多"朋友"。"朋友"们提起曹某某也都竖起大拇指，认为这个人"够义气"。

2000年8月的一天，曹某某的一个朋友找到他，提出借一笔钱，为朋友帮忙注册一个公司，并许诺，该款用不了几天就还。曹某某虽然心里为难，但为了给朋友帮忙，还是从镇财政所提取了一张50万元的支票交给了朋友，朋友用此款为他人注册了个人公司后将款归还给他。2002年此事被揭发。

在检察人员对其进行讯问时，曹某某说出了心里话。他本人从事财务工作多年，明知将公款借给个人违反财经纪律。但出于哥们儿义气，为朋友帮忙，丧失了原则，做了糊涂事。此时他流下了悔恨的泪水。

至此，我们不禁要问，一个干部，为什么会沦为犯罪分子呢？曹某某从一个农民到国家干部，靠的是自己的积极努力和群众的信任。刚当上财政所所长的那段时间，他也确实是兢兢业业工作的，得到了群众和领导的肯定。他的变化是从负责该镇招商引资工作开始的。工作性质决定了他要和方方面面的人打交道，在迎来送往之中，曹某某找到了被追捧的感觉，虚荣心得到了充分的满足。时间长了，有些人就成了"朋友"。但这些朋友其实看中的是他手中的权力，图的是能帮忙办事。可曹某某当时哪里会想这些，他倒是真的拿这些人当起了哥们儿，反把纪律和原则放到了脑后，哥们儿有事哪能不帮忙？为了给哥们儿帮忙，他不惜违反制度、纪律甚至法律。他利用职务之便，私自将公款借给他人使用，在赢得了面子和"朋友"赞誉的同时也把自己送进了牢房。虽然此时此刻曹某某认识到了自己的错误，知道了法律的威严，甚至流下了悔恨的泪水，但法律是无情的，他不得不咽下自己酿造的苦酒。曹某某一案再次向世人敲响了警钟，要慎用手中的权力，哥们儿义气要不得，违法犯罪的事干不得。

真正的朋友不是讲哥们儿义气，而是患难与共。

真正的朋友应该是在你受伤时，会第一时间找到你，然后什么都不说，就静静地陪在你的身边。等你哭完，他会告诉你，让你擦干眼泪，然后坚强面对。

真正的朋友会给你空间，他不需要你在他面前像张白纸。但他却会努力地了解你，直达你内心深处。在你愿意把秘密跟他分享时，他会静静地听，并且为你守口如瓶。

真正的朋友会在你骄傲自满时，毫不留情地泼你冷水；会在你沉溺于美好的幻想中不能自拔时，残忍地将你拉回现实；会在你功成名就时，默默地替你祝福。

真正的朋友在彼此面前，是不需要隐藏什么的。开心时，你们会夸张地大笑；悲伤时，你们会毫不掩饰地大哭；受了委屈时，你们会生气地破口大骂那些人。因为你们知道，在彼此面前，你们不需要矜持，不需要坚强，不需要忍气吞声。你们知道，在彼此面前，只要做自己就好。

真正的友谊，好似一杯醇酒，越久越浓；好似一杯淡水，越淡越真。

真正的友谊不需要频繁的接触来维持，即使不见面，彼此心中牵挂祝福，不也很美吗？真正的友谊不需要华丽的点缀，正所谓"礼轻情意重"，即使只是互赠一片落叶，彼此心中也已能深刻体会到友谊的可贵。

最真的友谊莫过于彼此坦诚相待，倾诉心中的喜忧；真正的朋友是互相帮助，患难与共。

请记住：朋友之间需要真正的友谊，但不需要哥们儿义气。

不讲规则的人不会受欢迎

一个曾在德国留学的学生讲过这样一件事，她说：

"1993年的除夕之夜，我在德国的明斯特参加留学生的春节晚会。晚会结束后，整个城市已经睡熟了，在这种时候，谁不想早点儿到家呢？我和先生走得飞快，只差跑起来了。但没想到的是，刚走到路口，红绿灯就变了。迎向我们的行人灯变成了'止步'：灯里那个小小的人影从绿色的、甩手迈步的形象变成了红色的、双臂悬垂的立正形象。

"如果在另外的时候，我们肯定会停下来等绿灯。可这会儿是深夜了，马路上没有一辆车，即使有车驶来，500米外就能看见。我们没有犹豫，走向马路……

"'站住！'身后飘过来一个苍老的声音，打破了沉寂的黑暗。我的心悚然一惊，原来是一对老年夫妻。我们转过身，歉然地望着那对老人。老先生说：'现在是红灯，不能走，要等绿灯亮了才能走。'我的脸忽地烧了起来。我喃喃地道：'对不起，我们看现在没车……'

"老先生说：'交通规则就是原则，不是看有没有车。在任何情况下，都必须遵守原则。'

"从那一刻起，我再没有闯过红灯。我也一直记着老先生的话：

'在任何情况下，都必须遵守原则。'"

俗话说，没有规矩，不成方圆。社会是以原则为纲的，做人有做人的原则，做事有做事的原则，不遵守原则，不按规矩办事，必然会导致整个社会系统功能紊乱。

人与人之间的交往也是有其特定的原则的。虽然大多数人都清楚这些规矩和惯例，但并不是所有的人在所有的时候都能够很好地遵守。他们就像那位留学生一样，常在自认为无关紧要的时候忽略这些原则的重要性，不仅给别人添堵，也给自己制造麻烦。

不要把"世故"当作"成熟"

生活中，青年人总觉得为人处世难，渴望自己早一些成熟起来，可往往又无法分清成熟与世故的界限，陷于世故的泥坑。那么，到底怎样区别成熟与世故呢？

成熟者能看到社会或人生的阴暗面，却不被阴暗面所吓倒；表面上沉静而内心却有一腔热血。因为，面对黑暗面，有不平而不悲观，既坚信希望在于将来，又执着于今天的努力。世故者也看到社会的阴暗面，但他们分不清主流和支流，本质和现象。他们因为曾在事业、理想、生活、爱情等方面遭受打击或挫折便冷眼观世，觉得人生残酷，社会黑暗。他们自以为看透了社会和人生，以"众人皆醉而我独醒"自居。在生活中，成熟与世故的具体区别表现为：

（1）真诚与虚伪。成熟者知道社会是复杂的，因此人的头脑也应当复杂些。遇事要自己思索、自己做主、不轻信、不盲从；与人交往，考虑复杂些而不失其赤子之心，"和朋友谈心，不必留心"；如果遇见不熟悉的人，"切不可一下子就推心置腹"，因为这样既不尊重自己，也不尊重别人，可以多听少谈，真正了解后才可以敞开交流思想。这是鲁迅先生待人的经验之谈。世故者由于过多地看到人生和社会的阴暗面，因而错误地认为人世间没有真诚可言。与人做"披纱型"的交往，犹如信奉伊斯兰教的妇女披上自己的面纱一样，把自己的内心世界封闭起来。对人外热内冷，处事设防，奉行"见人只说三分话，未可全抛一片心"的处世原则。同友相交，虚与周旋，别人的事自己探听尤详，自己的事隔墙难闻，说给别人听的，尽是些"不着边际"的话。

（2）互助和利用。成熟者在处理人与人的关系上，坚持互惠互利，互帮互进的态度，有福共享，有难共当，患难时见真情。世故者对周围人采取于己有用者交往之，于己无用者疏远之的态度。交往的热情，则同于己有用之程度成正比。即使是对同一个人也不例外，犹如果戈理小说《死魂灵》中的主人公乞乞可夫一样，在刚当小职员时，百般讨好、巴结上司的麻脸女儿，当博得上司的好感，当上了科长，站稳了脚跟之后，便马上翻脸不认人，那个痴情的姑娘便成了他愚弄的对象。

（3）坚持原则与见风使舵。成熟者遇事头脑冷静，坚持原则，有主见，自己该干什么仍干什么。世故者观风向，看气候，见什么人说什么话，投人所好，八面玲珑，采取"随风倒"的处世方法。就如有人所刻画的那样：当世故者同多愁善感的人交际时，便把自己打扮成多愁善感的人，说话时，眼睛里有时还会泪光闪闪；转身同性格多疑的人交际时，他又会俨然装得深沉起来，与对方一起分析别人如何有可能损人利己，奉劝对方应采取的态度和对付的方法；而同率真直爽的人谈话时，他又会马上变得疾恶如仇，真想马上为朋友打抱不平，即使两肋插刀亦不顾；然而同喜欢息事宁人、凡事讲调和的人在一起时，又显示老谋深算、久经风霜的样子，把那些正直的举动，说成"简单"和"幼稚"，仿佛发生的一切麻烦都是因他不在场而造成的。逢人迎合不吃亏，他中有我成"朋友"是变色龙者的秘方。

（4）**直面现实和玩世不恭。**成熟者对事敢于发表自己的意见，敢做敢当，有"舍我其谁"的大丈夫气概，往往小事糊涂，大事清楚。世故者游戏人生，采取滑头主义和混世主义态度，专搞中庸，惯于骑墙，他们和人可以谈天说地，但只是摆现象，不下结论，迫不得已时也有些不言而喻、"大家早已公认"的结论。遇有原则问题需要辨明时，则不问是非曲直，要不然就是模棱两可，咋说咋有理的话；与人意见不一时，便以"今天天气……哈哈哈"的态度加以回避。对于社会上存在的种种嚣张行为，虽知其隐秘，却不露声色，做冷眼旁观者，既可明哲保身，又可留条退路。

（5）**奋进与沉沦。**成熟者和世故者也许都经历过生活的艰辛、人生的磨难。但前者把挫折当成奋飞的起点，重新认识社会与自我，奋进不已；后者则或者躬行"先前所憎恶、所反对的一切"，巨斥"先前所崇仰、所主张的一切"，或者干脆对一切无所谓，企求超脱社会，也许还会同恶势力同流合污。

成熟是人生成功的重要标志，世故者只能把人生引入歧路。世故在人际交往中留下的印象是不可信、不可靠和不可近。一个这样的人，自然很难在人生舞台上有出色的表演。

苛求完美就是虐待自己

人生是没有完美可言的，完美只存在于理想中。生活中处处都有遗憾，这才是真实的人生。因为追求完美而苦恼，可能会留给我们更多的遗憾和痛苦。

在印度佛教的《百喻经》中，有这样一则可笑而发人深省的故事。

有一位先生娶了一个体态婀娜、面貌娟秀的太太，两人恩恩爱爱，是人人羡慕的神仙美眷。这个太太眉清目秀、性情温和，美中不足的是长了个酒糟鼻子。柳眉、凤眼、樱桃小嘴，瓜子脸蛋上却长了个酒糟鼻子，好像失职的艺术家，对于一件原本足以称著于世间的艺术精品少雕刻了几刀，显得非常突兀、怪异。

这位丈夫对于太太的鼻子终日耿耿于怀。一日出外经商，行经贩卖奴隶的市场，宽阔的广场上，四周人声鼎沸，争相吆喝出价，抢购奴隶。广场中央站了一个身材单薄、瘦小清癯的女孩子，正以一双汪汪的泪眼，怯生生地环顾着这群如狼似虎、决定她一生命运的大男人。这位丈夫仔细端详着女孩子的容貌，突然间，他被深深地吸引住了。好极了！这个女孩子的脸上长着一个端端正正的鼻子，他不计一切买下了她。

这位丈夫以高价买下了长着端正鼻子的女孩子，兴高采烈地带着她赶回家中，想给心爱的妻子一个惊喜。到了家中，他把女孩子安顿好之后，用刀子割下女孩子漂亮的鼻子，拿着血淋淋而温热的鼻子，大声疾呼："太太！快出来哟！看我给你买回来最宝贵的礼物！"

"什么贵重礼物，让你如此大呼小叫的？"太太疑惑不解地应声走出来。

"喏！你看！我为你买了个端正美丽的鼻子，你戴上看看。"

丈夫说完，突然抽出怀中的利刀，一刀朝太太的酒糟鼻子砍去。霎时太太的鼻梁血流如注，酒糟鼻子掉落在地上，丈夫赶忙用双手把端正的鼻子嵌贴在伤口处。但是无论他怎样努力，那个漂亮的鼻子始终无法粘在妻子的鼻梁上。

可怜的妻子，不但没有得到丈夫苦心买回来的端正而美丽的鼻子，反而失掉了自己那虽然丑陋但是货真价实的酒糟鼻子，还受到无端的刀刃创痛。而那位糊涂丈夫的愚昧无知，更是让人可怜！

有些事，可以通过努力改变，有些事，无论如何努力都改变不了。对于我们不能改变的，不管喜欢与否，我们只能接受它们，不要抗拒。世界就是这样，事情就是这样，他人就是这样，我们应当把这些当成水分子结构、当成地球形状、当成宇宙组成一样的自然事实来接受。我们可以心生怀疑或好奇，可以保留提问的权利，但不要试图去改变什么。因为有一些方面，像我们的国籍、父母、遗传基因、肤色、家境等，在我们出生之前就注定了。

完美主义者在做任何事情之前，都不能克制自己追求完美的激情与冲动。他们想把事情做到尽善尽美，这当然是可取的，但他们在做一件事情之前，总是想使客观条件和自己的能力都达到尽善尽美的程度才去做。因而，这些人的人生始终处于一种等待的状态之中。他们没有做成事情不是因为他们不想去做，而是因为他们一直在等待所有的条件成熟，结果就在等待完美中度过了自己不够完美的人生。

完美主义者往往不愿意接受自己或他人的缺点和不足，非常挑剔。有的人没有什么好朋友，总也找不着对象，跟谁也合不来，经常换单位，为什么？那是因为他谁也看不上，甚至会因为别人的一些小毛病而忽略其优点。有的人不允许自己在公共场合讲话时紧张，更不能容忍自己紧张时不自然的表情，一到发言时就拼命克制自己的紧张，结果越控制越紧张，形成恶性循环。有的人不允许自己身体有丝毫不舒服，总是怀疑自己得了重病，经常去医院检查。其实，每个人都有缺点和不足，都会有紧张、不适的体验，这是正常的表现，必须学会接受它们，顺其自然。如果非要抗拒自然规律，则必然会愈抗愈烈。

完美主义者表面上很自负，内心深处却很自卑。因为他很少看到优点，总是关注缺点，总是不知足，很少肯定自己，所以缺乏自信，当然会自卑了。不知足就不快乐，痛苦就常常跟随着他，他周围的人也一样不快乐。

世界并不完美，人生当有不足。留些遗憾，反倒使人清醒、催人奋进，是好事。没有皱纹的祖母最可怕，没有遗憾的过去无法连接人生。

人生确实有许多的不完美，但我们可以选择走出不完美的心境，而不是在"不完美"里哀叹，当然，也不是一味地追求所谓的完美。

看上去完美的人容易遭人嫉妒和忌恨，因此，比其他人看上去更好往往是非常危险的，而所有的危险最严重的就是看上去没有任何缺点，因为这容易招致他人的嫉妒，而嫉妒会给自己的生活带来很多烦恼。为了使别人的嫉妒发生偏转，最好让自己显得更加富有人情味、平易近人，偶尔表现出自己的缺陷和弱点，并且承认那些没有害处的建议是聪明之举。

美国有位政治家，平生洁身自好从无任何污点，几乎称得上是个完美的人，他在民众中享有良好的声誉，同时也引起了新闻界的兴趣。

曾有一位记者去拜访他，目的是想获得有关他的一些丑闻资料。然而，还未及寒暄，这位政治家就对想质问他的记者说："时间还长得很，我们可以慢慢谈。"记者对政治家这种从容不迫的态度大感意外。

不多时，用人将咖啡端上桌来，这位政治家端起咖啡喝了一口，立即大嚷道："哦！好烫！"咖啡杯随之滚落在地。等用人收拾好后，政治家又把香烟倒着放入嘴中，从过滤嘴处点火，这时记者赶忙提醒："先生，你将香烟拿倒了。"政治家听到这话之后，慌忙将香烟拿正，不料却将烟灰缸碰翻在地。

平时风度翩翩、高高在上的政治家出了一连串洋相，使记者大感意外，不知不觉中，原来的那种挑战情绪消失了，甚至对政治家有了一种亲近感。

其实，这整个过程是政治家一手安排的。当人们发现杰出的权威人物也有许多弱点时，过去对他抱有的怀疑和抵触情绪就会消失，而且由于受同情心的驱使，还会对对方产生某种程度的亲密感。

为人处世中，要使别人对你放松警惕、有亲近感，只要你很巧妙地、不露痕迹地在他人面前暴露某些无关痛痒的缺点，出点小洋相，表明自己并不是一个高高在上、十全十美的"完人"，就能使他人在与你交往时松一口气，不与你为敌。

一个深谙生存之道的人懂得成全别人的好胜心，会让别人更加喜欢你，让自己获得良好的人际关系。这一点还是很容易实现的，只要偶尔暴露一些无关紧要的小毛病就可以了。

既要敢冒险，又要减少风险

无可否认，所有的冒险都会令人感到兴奋，同时也会产生焦虑。不过，话又说回来，在生命的过程中，冒险既然是不可避免的事，何不干脆让自己奋力放手一搏？而且你越是恐惧，就越不敢尝试，不敢尝试就会丧失很多珍贵的机会。

这点我们可以从玫琳凯化妆品公司的创始人玫琳·凯的奋斗故事中看出来。

"我首次举办玫琳凯化妆品销售展时碰了一鼻子灰。我当时急于想证明可以让许多女孩子购买我们公司的护肤产品，我希望自己举办的销售展能一举打响公司品牌。但是那天晚上我总共只卖了一块五毛钱。离开销售展地点后，我开车拐过一个街角，趴在方向盘上哭了起来。'那些人究竟怎么了？'我问自己，'她们为什么不要这种奇妙的护肤品？'一阵恐惧感掠过我的心头。我的第一个反应便是怀疑自己是否太冒险了，或许准备得还不够充分。我之所以忧心忡忡，是因为我把毕生的积蓄全部都投到这项新产品的研发中了。我对着镜子问自己：'玫琳，你究竟错在哪里？'这一问却使我恍然大悟，因为我竟然从来没想过请人订货。我忘了向外发订货单，却只是指望那些女人会自动来买我的东西！

"是的，我失败过，而且几度差点崩溃。但是分析了前因后果之后，我从失败中吸取了教训。我数千次向玫琳凯公司的员工们讲述这段往事。我要他们知道，我首次举行化妆品销售展时是失败的，但是我并没有因此而灰心丧志。那次的失败是我后来之所以能成功的原因。我确信生活就是一连串的尝试和失败，我们只是偶尔获得成功。

重要的是要不断尝试，勇于冒险。"

有人说冒险是一种赌博，其实并不完全正确，一些人把冒进和冒险等同起来，这是不对的。冒险迥异于冒进。

冒险是这样一种东西，你经过努力，有可能得到，而且那东西值得你得到。否则，你只是冒进，白白浪费力气。

但是也不是所有的冒险都能取得成功，失败的概率仍然是存在的，否则就不会有那么多的人不敢去冒险了。这就需要你对自己首先要有一个了解，在决定去冒险的时间、地点之前，一定要认真考虑，包括你在人生奋斗中所处的确切位置，以及那个位置对你所产生的影响。也就是说，你必须考虑，若以现在的条件，假设失败了，是否还有后路可退，你有多少筹码，等等。

冒险之前的准备做好了，就没了后顾之忧，就可以大胆地下注了。而且一旦筹码落地，你就不能再想着输了，你要全力以赴去争取赢的机会。即使你的赌注全输了，你也不用过于灰心丧气，因为失败是每个人都必须经历的事情，是非常正常的。冒险必定要付出一定的代价，在决策时就应该把这种代价考虑进去。总之，既要敢于冒险，又要尽量减少风险成本，这才是成功之道。

二十几岁正是爱冒险的年龄，因为无法预知未来将要发生什么，所以就要不断去尝试，积累经验，寻找机会。二十几岁的人，不会安于现状，因为他们知道，害怕尝试，就永远都不会收获成功。

不因利小而不为

急功近利是刚踏入社会的二十几岁的年轻人的通病。要知道，一口吃不成胖子，同样，一夜暴富，99%的时候都是奢望。那种小生意不愿做，大生意做不来，盲目地轻小贪大者，到头来往往西瓜没有抱住，芝麻也让别人捡完了，最后只能落个两手空空。

看看炒股的人气有多旺，看看买彩票的人有多少，就知道人们渴望一夜暴富的欲望有多强，可是有多少人真的靠股票发财了呢？又有几个人中了500万呢？

如今，很多行业都已经进入了微利时代，很多人为此惶惶不安，很多二十几岁的年轻人宁愿等待好时机，也不愿去做那只赚一分钱的小生意。做生意就是要挣钱，能挣一分是一分，小生意，大市场，只要市场做大了，几厘的利润照样能致富。

在浙江义乌很多人都是靠做只有一分钱，甚至几厘钱的生意发家的，人称"蚂蚁商人"。"蚂蚁商人"赚钱的秘诀是：每件商品只赚一分钱就卖，以量取胜！比如卖100根牙签只赚1分钱，一个姓王的商贩每天批发牙签10吨，按100根赚1分钱计算，他每天销售约1亿根牙签，稳稳当当进账1万元。有个摊位卖的是缝衣针，粗的、细的、长的、短的一应俱全，平均1分钱2枚，这个小商贩一年卖针也能挣到80万元。

而且小生意也有小生意的好处，小生意投资少，风险也小，见效快。虽然得到的是薄利，但薄利多销，积少成多，照样能赚到很多的钱。比如收购破烂，有些人怕脏，瞧不起这个"叫唤买卖"，宁可闲玩，也不愿意干，导致自己始终富不起来。而有些精明的人正是看中了收购破烂投资少、见效快、赚钱稳的特点，逐渐把收购破烂的生意做大。积累了一些资金后，由下乡收购改为设点收购，做起了小老板，这些人也就因此一步一步筑起了自己的财富丰碑。

还有很重要的一点是，那些刚刚创业的人，尤其是年轻人，往往都是白手起家，或者本钱很少，根本无力从事汽车、钢铁、石油等需要大规模投资的产品生产，但如果能够从身边的小生意做起，逐步发展壮大，也不失为一条良策。

翻一翻如今跻身于世界500强的企业的创业史，松下起家靠的是小小的电源插头，而不是一度价格昂贵的收录机、大彩电等家用电器。松下幸之助常常对员工说："想从事大发明必须先从身边的小发明入手，想做大事必须从身边的小事做起。"本田起家靠的是一家小小的摩托维修部，而不是当初已有的摩托生产线。

跻身于美国超级富翁行列的山姆·沃尔顿，是靠"一角钱的生意"发迹的。早年，他在阿肯色州新港开设了第一个专卖"一角钱小杂货"的商店，生意兴隆。尔后，他又陆续在美国各地开设起连锁店，其中不少是"一角钱小杂货店""折旧商店"等等。

"海不辞水流，故能成其大；山不辞土石，故能成其高。"所以，在激烈的竞争中，经营者千万不要看不起小生意，而要善于积少成多，扎扎实实，埋头苦干，只有这样才能成就一番不俗的业绩。

闻名于世的佛勒制刷公司，其老板佛勒在创业之初，同其他人一样面临着究竟应该从事哪一种行业的选择。他选择了做最不起眼的刷子，他的姐夫曾警告他说："干什么不行，怎么做起刷子来了？这玩意儿利润太小，而且销路也有限，一把刷子能使用很长时间，谁家会没事天天买刷子？"

但是佛勒认为，生意不在大小，在于怎样经营。刷子虽小，但每家必备，只要经营有方，一定会成功的。正如佛勒所说的那样，他做的虽然是最小的生意，但他成功了。

世界上多数富翁原本都是两手空空、一无所有的人，但几十年后，他们的财富却多得数不胜数，为什么呢？原因之一就是他们能看得起小事，从小事做起。

大有可为，小同样也有可为。经营者如果还在梦想成为大老板，一心想做大生意，还不如就从小生意做起。印度大诗人泰戈尔说过："小草，你拥有你足下的土地！"小公司、小商店、小产品，经营灵活，应变力强，只要经营者能够从繁杂的消费行为中，善于抓住消费苗头，发明、生产、销售出新颖别致、一物多用、便利的小产品，去适应和创造出新的消费需求，便可进入宽阔的市场，拥有无限的天地。

"只要市场需要，小商品同样能做成大生意。"尼西奇股份有限公司也正是基于这个出发点，选择了人们认为不起眼的"婴儿尿布"作为自己的发展方向，从而大获成功。如今，不起眼的小小尿布，已可与松下电器、丰田汽车相媲美，它的产品不仅占据日本的国内市场，而且远销西欧、非洲、大洋洲、美洲等的70多个国家和地区。

竞争之道犹如做人之道：莫以善小而不为，莫以恶小而为之。西瓜虽大，然强手如林，创业者无法抢到手；芝麻虽小，然愿求者寡，锲而不舍能破致富之门——积土成山，风雨能兴；积水成渊，蛟龙能生。微利也不放过，才是长远的生财之道，才是生意做大、做强的源泉。

在激烈的市场竞争中，二十几岁的人往往只梦想着做利润高的大生意，而对一分钱、几厘钱一类的"小芝麻"嗤之以鼻，不屑去做。要知道，财富也是积累来的，如果不懂得积少成多，那么你也许永远都无法发财致富。

世界没有绝对的公正

在这个世界上，许许多多的人都认为公平合理是生活中应有的现象。我们经常听人说："这不公平！""因为我没有那样做，所以你也没有权利那样做。"我们整天要求公平合理，每当发现公平不存在时，心里便不高兴。应当说，要求公平并不是错误的心理，但是，如果因为不能获得公平就产生一种消极的情绪，这个问题就要引起注意了。

实际上绝对的公平并不存在，你要寻找绝对公平，就如同寻找神话传说中的宝物一样，是永远也找不到的。这个世界不是根据公平的原则而创造的，譬如，鸟吃虫子，对虫子来说是不公平的，蜘蛛吃苍蝇，对苍蝇来说是不公平的，豹吃狼、狼吃獾、獾吃鼠……只要看看大自然就可以明白，这个世界并没有公平。飓风、海啸、地震等都是不公平的，公平仿佛只是神话中的概念。人们每天都过着不公平的生活，快乐或不快乐，不是与公平绝对相关的。

这并不是人类的悲哀，只是一种真实情况。

生活不总是公平的，这着实让人不愉快，但却是我们不得不接受的真实处境。我们许多人所犯的一个错误便是为了自己或他人感到遗憾，认为生活应该是公平的，或者终有一天会公平。其实不然，绝对的公平现在不会有，将来也不会有。

　　承认生活中充满着不公平这一事实的一个好处，便是能激励人们去尽己所能，而不再自我伤感。我们知道让每件事情完美并不是"生活的使命"，而是我们自己对生活的挑战，承认这一事实也会让我们不再为他人遗憾。每个人在成长、面对现实、做种种决定的过程中都会遇到不同的难题，每个人都有感到成了牺牲品或遭到不公正对待的时候，承认生活并不总是公平这一事实并不意味着我们不必尽己所能去改善生活，去改变整个世界，恰恰相反，它正表明我们应该这样做。当我们没有意识到或不承认生活并不公平时，我们往往怜悯他人也怜悯自己，而怜悯是一种于事无补的失败主义的情绪，它只能令人感觉比现在更糟。但当我们真正意识到生活并不公平时，我们会对他人也对自己怀有同情，而同情是一种由衷的情感，所到之处都会散发出充满爱意的仁慈。当你发现自己在思考世界上的种种不公正时，可要提醒自己这一基本的事实。你或许会惊奇地发现它会将你从自我怜悯中解脱出来，使你采取一些具有积极意义的行动。

　　许多不公平的经历我们是无法逃避的，也是无从选择的，我们只能接受已经存在的事实并进行自我调整，抗拒不但可能毁了自己的生活，而且也许会使自己精神崩溃。因此，人在无法改变不公和不幸的噩运时，要学会接受它、适应它。

　　我们承认生活是不平等的这一客观事实，并不意味着一种消极的开始，相反，正因为我们接受了这个事实，我们才能放平心态，找到属于自己的人生定位。命运中总是充满了不可捉摸的变数，如果它给我们带来了快乐，当然是很好的，我们也很容易接受，但事情往往并非如此，有时，它带给我们的会是可怕的灾难，这时如果我们不能学会接受它，反而让灾难主宰了我们的心灵，那么生活就会永远地失去阳光。

威廉·詹姆斯曾说："心甘情愿地接受吧！接受事实是克服任何不幸的第一步。"

新英格兰的妇女运动名人格丽·富勒曾将一句话奉为真理，这句话是："我接受整个宇宙。"

是的，你我也应该接受不可避免的事实。即使我们不接受命运的安排，也不能改变事实分毫，我们唯一能改变的，只有自己。成功学大师卡耐基也说："有一次我拒不接受我遇到的一种不可改变的情况。我像个蠢材，不断做无谓的反抗，结果带来无数个不眠的夜晚，我把自己整得很惨。后来，经过一年的自我折磨，我不得不接受我无法改变的事实。"面对不可避免的事实，我们应该学着做到诗人惠特曼所说的那样："让我们学着像树木一样顺其自然，面对黑夜、风暴、饥饿、意外等挫折。"

面对现实，并不等于束手接受所有的不幸。只要有任何可以挽救的机会，我们就应该奋斗！

但是，当我们发现情势已不能挽回时，最好就不要再思前想后、拒绝面对，要坦然地接受不可避免的事实，唯有如此，才能在人生的道路上掌握好平衡。

明白了这些，你就会善于利用不公正来培养你的耐心、希望和勇气。比如，在缺少时间的时候，可以利用这个机会学习怎样安排一点一滴珍贵的时间，培养自己行动迅速、思维灵敏的能力。就像野草丛生的地上能长出美丽的花朵，在满是不幸的土地上，也能耕耘出一片灿烂的田地。

生活的不公正更能培养美好的品德，我们应该做的就是让自己的美德在不利的环境中放射出奇异的光彩。

你也许正为一个专横的老板服务，并因此觉得很不公平，那么不妨把这看作是对自己的磨炼吧，用亲切和宽容的态度来回应老板的无情。借着这样的机会磨炼自己的耐心和自制力，转化不利因素，利用这样的时机增强精神的力量；而老板经过你的感化，也许会认识到自己行为的不妥，从而改变对你的不公正的做法，同时，你的精神境界也将得到提升，一旦条件成熟，你就能进入崭新的、更为友善的环境中。

张薇大学毕业后求职受挫，最后终于在一家小公司里谋得一份业务员的工作。尽管这份工作与她名牌大学的学历不符，但她并不计较，因为她懂得，一个人只有把自己的心灵回归到零，用一颗平常心学会忍耐，才能在这个社会上立足，才会取得事业的发展。面对刁钻的同事和无理取闹的客户，她时刻提醒自己：我是在学习，我要坚持。她咬紧牙关，忍受着各方面的压力，在一次次的挫折中总结经验，积攒力量。两年后，凭借着出色的业务能力和坚忍的态度，她成了该公司的业务经理。

外界的事物什么样，这由不得你去选择和控制，但用什么样的心态去对待，可以由你自己做主。面对生活中的种种不公正，能否使自己像骆驼一样坚忍，关键就在于你能否以一颗平常心去面对。

良好的人际关系会带给你更多的机会

在生活中，成功的人大多是具有良好的人际关系的人。广泛与人交往是机遇的源泉。交往越广泛，遇到机遇的概率就越高。有许多机遇就是在与朋友的交往中出现的，有时甚至是在漫不经心的时候，朋友的一句话、朋友的帮助、朋友的关心等，都可能化作难得的机遇。在很多情况下，就是靠朋友的推荐、朋友提供的信息和其他多方面的帮助，人们才获得了难得的机遇。

在一家信息公司开展的关于"哪类因素对职业生涯影响最大"的一项调查问题中，"个人能力"被大家公认为第一要素；其次，有30%～77%的受访者认为机遇起着决定性的作用；人际关系的因素被排在了第三位，有17%～35%的受访者感受到了人脉的重要性。其实，这三样并不矛盾，往往具有累积加倍的功效。如果你有能力，而且在能力之外还有良好的人际关系、人脉优势，那么结果往往是一分耕耘，数倍的收获。

每一个伟大的成功者背后都有另外的成功者。没有人是自己一个人达到事业的顶峰的。假如你决心成为出类拔萃的人，千万不能忽视人际关系。

有研究表明：你和世界上的任何一个人之间只隔着四个人，不管你和对方身处何处，哪个国家，哪类人种，何种肤色。不用惊奇，你和布什或拉登之间也只有四个人，而且构成这个奇妙六人链中的第二个人，竟是你认识的人，也许是你的父母，也许是你的大学同学，更可能是办公室里每天帮你抹桌子做清洁的阿姨……仔细想想，通过做清洁的阿姨的人际关系网，竟可以让你联系到布什，这是不是很奇妙？

人际关系网好比一个八脚章鱼，每一个八脚章鱼在每一天每一分里都在不停地集合、交错着，只是我们自己常常不自知、不在意，常常和贵人擦身而过。不要过于看重关系网中的显贵，太看重显贵，就容易忽视其他更多的普通人。在适当的时机，任何一个普通人都可以扭转乾坤，成为你的大贵人。但也要注意，毫无诚意的点头之交等于零，人脉需长时间的积累和沉淀。

机遇和贵人是在适当时候出现的适当的人、事、物的组合体。我们无法控制这种完美的巧合何时出现，唯一能做的，就是通过控制自己的人脉来给自己创造更多的可能，而许许多多的普通人，恰恰是你最可利用的资源。

你必须努力地与其他行业的人员接触，并学习其他行业的知识。只固守在自己的同行之中，你就无法建立多层面的人际关系。虽然你具备了完整的专业知识，但在这个复杂的社会中，只具备自己工作领域的知识是不够的，这样并不能保证你在到处充满竞争而复杂的社会中脱颖而出。

心胸狭窄的人无法交游广阔。如果没有丰富的知识与悟性，或情感与智慧的完美结合，你就不能成为一个有魅力的人。吸收自己本行的专业知识，这是不用说的事；但借着了解不同性质行业中的生活方式，不但可以增加自己的见闻，更可以交到许多不同的朋友，这便是重要的交际技巧。

除了自己的本行之外，交往的对象还必须扩及其他各行各业的职业高手，以增加自己的知识及人脉。

然而，这并不是说特意地结交各种行业的人。最简单可行的是和自己的中学或大学同学及以往的故友保持联络，踊跃地参加同学会，或者努力地培养兴趣，多参加各项体育活动或旅行、野营活动等，这些都是很好的办法。无论如何，具有一项独特的嗜好是一个积极者不可或缺的条件。

利用嗜好建立起来的人际关系，更远远超过了年龄、职业、地位的效果。即使是因为工作关系而结交的朋友，如果能够有共同的兴趣，就容易在下班的时间以轻松的心情在和谐的气氛中交往。

良好的印象是打开交往大门的一把钥匙

一位社会心理学家做过这样一个实验。他让两组大学生评定对一个人的总印象。对第一组说：此人的特点是"聪慧、勤奋、冲动、爱批评人、固执、妒忌"。很显然，这六个特征的排列顺序是从肯定到否定。对第二组大学生说的仍是这六个特征，但排列顺序正好相反，是从否定到肯定。研究结果发现，大学生对被评价者所形成的印象，受到特征呈现顺序的影响。先接受了肯定信息的第一组大学生，对被评价者的印象远远优于先接受否定信息的第二组大学生。这就说明，最初印象有着高度的稳定性，后续的信息甚至不能使其发生根本性的变化。良好的印象是打开交往大门的一把钥匙，可以说"良好的开端是成功的一半"。

1.穿着上要注意身份和场合

社会心理学家认为，在公众场合，人总是趋近衣着整洁、仪表大方的人，或衣着略优于自己的人。这种行为，在日常生活中也常见到，没有人愿意同一个不修边幅、肮脏邋遢的人交往。人的衣着服饰同一个人的地位、身份和修养连在一起。为获得良好的初次印象，穿着上一定要注意身份和场合。一个电影明星打扮得艳丽一点，人们会觉得比较正常，但一个中小学教师涂脂抹粉、穿着艳丽就会被认为不合身份了。因此，我们平时要注意穿着得体、整洁，尽力为自己给人留下良好印象。

2.真诚的表情与眼神使人愉悦

在我们周围，与人交谈面带笑容，倾听时表现出专注神情，这样的人一般都是善于人际交往的人。表情不仅可以充分展示自己的人格和修养，还可以弥补自身的一些先天不足，掩盖自己的一些缺点。

真诚的微笑会使人愉悦。著名成功学家卡耐基说："做人要学会微笑。"眼睛是心灵的窗户，在交往中，眼睛被对方注视得最多。两个人见面时即使没有开口说话，从目光上就可以判断出有心理优势的一方。所以，在第一次与人见面时要善于有效地运用自己的视线，也要学会了解对方视线的含义并随时调整自己的视线。眼睛可以直视对方，但不要引起对方的不愉快，在与异性交往中尤其要注意。

3.谈吐稳重大方

想要通过谈吐来建立良好的第一印象，首先要分析自己的声音，研究一下自己的声音效果，因为说话的速度、声音大小、音质和口齿清晰度等特点，在传递信息的过程中，和说话方式、说话内容同等重要。我们要使别人对自己的声音有好的感觉，应当注意三个方面：一是要根据房间大小、听众人数、噪声量、说话内容以及本人的情绪来决定自己的说话速度，同时要学会停顿；二是要能控制声音的大小，高亢和低沉各具魅力，关键在于要适合当时的环境；三是要咬字吐句清晰，首先要让对方容易听懂。在谈话的过程中要注意使用准确而又得体的称呼，而且对方也很愿意接受这种称呼。在表述上，委婉是一种很恰当的方式，含蓄也是有修养的表现，这些都能给对方一种受尊重的感觉。此外，说话幽默风趣也非常重要。

4.善于接纳他人

如果你不相信任何人，你也就不可能接纳任何人。虽然交友要有选择，但在没有了解对方之前，不要首先就全部否定，这会使你失去很多真正的朋友。实际上，根据人际交往的交互原则，你不信任别人，别人也就不会信任你；相反，你以坦诚友好的方式待人，对方也往往会以同样的方式待你。毕竟，在这个世界上，绝对的坏人是极少极少的，我们要善于发现他人个性上的优点。

5.学会倾听

许多人在与人交谈的时候总是滔滔不绝。当一个人急于把内心的话说出来的时候，你不妨耐心地听他把话讲完，直到你听懂他的全部意思。如果他的语言表达有些混乱，就更需要你有耐心，让他把要表达的事情说清楚。人常会有这样一种习惯，在别人说话的时候随便插话打岔，改变说话人的思路和话题，任意评论和表达，一心二用等。这些不良习惯，会妨碍我们倾听别人的意见。我们要尽力回避这些不利倾听的习惯，集中注意力，去听懂、理解对方所说的意思。

注重穿着服饰有利于打造良好的个人形象

"人靠衣衫马靠鞍"，注重穿着服饰有利于打造个人的良好形象。

著名人类行为学家迈克尔·阿盖尔做过一个实验：他自己分别以不同的装扮出现在同一地点，其结果却大相径庭。当他身着西装彬彬有礼地出现在人群时，向他问路或问时间的陌生人大部分是上流社会的人物；而当他装扮成无业游民的样子出现时，接近他的人大部分竟然是流浪汉。由此可见，一个人的着装服饰对其的影响极其重要。

一个人穿着得体，服饰大方，不仅能赢得他人的信赖，给人留下良好的印象，而且还能够提高与人交往的能力。与之相反，一个穿着不当、举止不雅的人通常会被降低身份，损害形象。由此可见，服饰装扮也是一门艺术，它既要讲究协调、色彩，也要注意场合、身份。

服饰是个人形体的外延，具体包括衣、裤、裙、帽、袜、手套等各类服饰。对于个人身体而言，服饰起着遮体御寒、美化形象的作用；对于社交场合而言，服饰又是一个人身份与个性的代表，它显示着一个人的品位、涵养和心理状态。一个人的服饰与穿戴者的气质、个性、身份、年龄、职业以及穿戴的环境、时间协调一致时，才能真正起到美化的作用。

在日常生活中，一个人就应该对自己的着装服饰予以重视，力求做到服饰美。只有在平日里养成干净利索的好习惯，才不会让自己在关键时刻出丑。一个人在穿戴的时候，要注意以下几个基本原则：

1.穿着服饰要符合环境的需要

置身于不同的环境、场合，应该有不同的服饰穿戴。比如，身居家中，可以穿随意舒适的休闲服；上班时，应身着端庄典雅的职业装；出席婚礼，服饰的色彩可鲜亮点；而参加吊唁活动，服饰则以凝重为宜。

2.所选服饰要适合自己的角色

在社会生活中，一个人有时候要转换角色。不同的社会角色必须有不同的社会行为规范，在服饰的穿戴方面也应该表现出不同点。无论你出现在哪里，无论你干什么，最好先弄明白自己扮演的是什么角色，然后再考虑挑选一套适合于这个角色的服饰来装扮自己。

3.要扬长避短，适合自身的条件

人们追求服饰美，就是要借服饰来装扮自身，即利用服饰的质地、色彩、造型、工艺等因素来美化自己。在了解服饰诸因素的同时，人们必须充分了解自身的特点，只有这样，才能达到扬长避短、扬美遮丑的目的。比如，身材矮小者适宜穿着造型简洁、色彩明快、小花形图案的服饰；肤色偏黄者，最好不要选与肤色相近或较暗的颜色，如棕色、土黄、深灰、蓝紫色等，它们容易隐藏人的生机和活力。

4.衣服色彩要随季节而变化

季节变化也是穿戴时要考虑到的一个方面。比较理想的穿戴，不仅要考虑到服饰的保暖性和透气性，在其色彩的选择上也应注意与季节相适宜。如春秋季节适合穿中浅色调的服饰，如驼色、棕色、浅灰色等；冬季服饰色调以偏深色为宜，如咖啡、藏青、深褐等色；夏装可选丝棉织物，色调以淡雅为宜。

由于性别差异，男士和女士在穿戴过程中会有不同的要求。对于男士而言，他们的服饰应体现出稳重、专业、令人信赖的特点。在正式场合，中国人一般多以西装来代表男人的身份地位，因此，西装就成了男人最主要的选择。下面来谈一下穿西装应有的仪表。

男士西装依扣式排列可分为单排扣样式和双排扣样式。单排扣西装多为三件式，即配背心一件。由于近来背心已逐渐被淘汰，不穿背心的形式已相沿成习。坐下时，为求舒适，西装扣可打开，但起身或行走时，应扣上西装纽扣。穿双排扣西装则不必穿背心，应扣上明扣及暗扣，这是尊重他人的表现。西装给人以稳重、信任、帅美的感觉，但是剪裁须合身。在穿戴前要将西装熨烫得平整笔挺。穿戴时注意将西装口袋的袋盖放在外面，尽可能使西装上下身同一色系，这样较能凸显绅士气派。

男人在穿西装时，必须注意以下几个方面的禁忌。

（1）忌西裤过短（标准西裤长度为裤长盖住皮鞋）；

（2）忌衬衫放在西裤外；

（3）忌不扣衬衫扣；

（4）忌西服袖子长于衬衫袖子；

（5）忌西服的衣、裤袋内鼓鼓囊囊；

（6）忌领带太短（一般长度应为领带尖盖住皮带扣）；

（7）忌西服上装两扣都扣上（双排扣西服则应都扣上）；

（8）忌西服配便鞋（休闲鞋、球鞋、旅游鞋、凉鞋等）。

女士在着装时，同样也要讲究一些礼仪规范。现代女性应该追求的目标是在规范的约束下穿出自己的特色，穿出自己的品位。如果女士在着装时讲究礼仪，不但可以使人显得年轻靓丽，还可以赢得他人的尊重。

着装是一门难得的艺术，各位女性要根据自己的体形、肤色，面貌来选择适合的服装，力求起到扬长避短、修饰美化的作用，尽量把自己的万种风情更好地展现在他人面前。

一般情况下，女性着装礼仪包括以下几方面：

1.根据身材选服装

服装的款型、大小应与女性的身材相统一，只有穿戴得体，才能凸显女性特有的美感。如：身材娇小的女性，穿肥大、宽松的服装势必会给别人留下邋遢的印象，相反，紧身的上衣和长裤则显得比较合身；肩宽者要穿运动型服装，可以显示出款式与档次；身材高大魁梧的女性，穿较为紧绷的衣服显然不太合适，因为这样会使身材显得更臃肿，最好选择大方得体、质地柔软的衣服，当然不能过于肥大，否则会影响美观；身材矮胖的女性，不适合穿浅颜色的衣服，那样会显得更胖、更矮，最好选择有深蓝色条纹的深色衣服，这类服装产生的收缩感能使人显得苗条；身材瘦高的女性，浅颜色的服装将是她们最好的选择。

身材决定着穿戴服装的款式和型号，同样也决定着色调的搭配。一般来说，身材瘦小的女性，比较适合穿明亮度较高、颜色较浅的服装，这样会使自己显得高大丰满；身材宽胖的女性，选择深颜色的、明亮度较低的服装最合适，这样可以显得苗条一些；体形有缺陷的女性，可以采用花色面料，因为这种面料有修饰、遮掩体形的作用，比如腿型不美的女士可以穿着花裙装，上身可穿素色衣装。

2.根据肤色配服装

肤色较白的女性，选择服装时，以色彩艳丽明亮为主，这样会将白皙的肤色映衬得更有光泽，突出健康活力；肤色较黑的女性，不适合穿颜色较深、光亮度较暗的衣服，如纯黑色、深褐色、深绿色、紫色等，这样会把皮肤映衬得更黑。一些色彩较明亮的服饰是黑皮肤女性的最好选择，这样可以使肤色发亮，富有光泽。

女士着装搭配原则讲究的是上明下暗、上浅下深，如：奶黄色上衣配棕黄色裤子、白色皮鞋，这种搭配将端庄、稳重、高雅的气质表现得淋漓尽致；两种明亮度相差不多的色彩，必须分开，以免出现搭配不当的现象，如奶黄与橙黄、绿与蓝、绿与青紫、红与橙黄等，这几组颜色的服装，搭配起来必须分开，否则会显得特别刺眼，影响美观。

女士出席正式场合时，应选择正装，这是对他人的尊重，也可彰显自己高贵的气质。在着正装时，应注意"三色原则"。所谓"三色原则"，就是要求正装的颜色尽可能少于三种，如米色上装、深蓝色裙子、黑色皮鞋、白色手提包搭配在一起，显然不得体。颜色太杂，服装就失去了原有的修饰效力，更不用说扬长避短了。

3.不要过于张扬

女性在不同场合要穿不同样式的衣服，但在选择衣服时，要本着与场合协调统一的原则，千万不要穿一些过于出众的衣服，否则会使社交形象大打折扣。一般情况下，在出席比较正式的宴会时，女士应选择高贵、文雅的晚礼服；出席轻松自在的聚会时，着装可稍微随便一点，但注意不要太过于暴露、时尚；出席工作会议时，可穿比较端庄的职业套装。

"爱美之心，人皆有之。"对于女性来说，更是如此。如果说，巧妙得体的着装能够使女性登上美丽人生的大船的话，那么按照礼仪穿衣，则可撑起大船的风帆，带女人驶向幸福的彼岸。

站要有站相

对于二十几岁的人来说，学习必要的礼仪知识是非常重要的。一个言行举止、举手投足之间表现非凡的人，经常会受到众人的羡慕，他们身上能够散发出独特的人格魅力。在很多人眼里，一个人的举止行为并不会引起人们的足够重视。而事实上，人们在交谈过程中，每个人的一个眼神、一个表情或者一个微小的手势，都可以反映出他本人的真实情感。一个人不友善的手势或者表情会招致别人的反感与厌恶。

每个人都希望自己有优美的举止，其实它并不一定是与生俱来的，人们经过后天的努力与训练也是可以形成的。不过这就需要人们积极主动地参与形体训练，掌握正确的举止姿态，从而矫正那些生活中形成的不良习惯，最终达到自然美与修饰美的最高境界。

常言说"站如松"，这就是讲，一个人站立时应该如同松树那样挺拔。事实上，一个人的站姿往往能够体现一个人的精神面貌。一个人站姿端正，别人会觉得他魅力十足。站姿是静力造型动作，显现的是人的静态美。从训练的角度讲，站姿是其他优美体态的基础，是表现不同姿态美的起始点。

一个人要想站姿规范，必须做到以下几点：

（1）头要正。双眼平视前方，嘴要微闭，收颌梗颈，表情面带微笑。

（2）肩要平。两肩平正，稍微放松，同时还要稍向后下沉。

（3）臂要垂。两肩平整，两臂下垂，中指要对准自己的裤缝。

（4）躯要挺。胸部挺起，腹部要往里收，腰背要挺直，臀部向内向上收紧。

（5）腿要并。两腿立直，还要贴紧，脚跟靠拢，两脚夹角成60度。

提到站姿，人们往往想到军人的立正。不过这种规范的礼仪站姿与立正的姿势有一定的区别。礼仪的站姿相对于立正来讲，更多地体现了自然、亲近和柔美。

除了规范的站姿，一个人的站姿还有以下几种：

（1）叉手站姿

此种站姿，要求两手在腹前交叉，右手搭在左手上直立。如果是男子，他的两脚可以分开，距离要保持在20厘米内。如果是女子，她可以采取小丁字步，即一脚稍微向前，脚跟靠在另一脚内侧。这种站姿在端正之余略有自由，在郑重之余略有放松。同时，人的身体重心还可以在两脚间转换，从而达到减轻疲劳的目的。

（2）背手站姿

此种站姿，要求双手在身后交叉，右手贴在左手外面，贴在两臀中间。至于两脚，既可以分开，也可以合并。需要注意的是，分开时不超过肩宽，脚尖展开，两脚的夹角要达到60度，挺胸立腰，收颌收腹，双目平视。这种站姿在优美中略显威严，让人产生距离感。它比较适用于保卫人员。对于他们而言，如果将两脚改为并立，能够表现出一种威仪。

（3）背垂手站姿

此种站姿，要求一手背在后面，贴在臀部，另一手自然下垂，同时手要自然弯曲，中指要对准裤缝，两脚因人而异，既可以并拢，也可以分开，还可以成小丁字步。这种站姿比较适合于男士，这样会体现他的大方自然。

在日常生活中，以上介绍的几种站姿是十分实用的。它不仅会给他人以挺拔俊美、庄重大方的感觉，而且还可以显示出自己乐观向上、充满自信。滴水穿石，非一日之功，这些站姿也绝非一两天就可以练就的，它需要经过严格的训练，长期的坚持。习惯成自然，只有将它们真正变成自己生活中的一部分，那才算是达到了训练的目的。

值得提醒人们的是，训练的人在站立中，千万不能探脖、塌腰、耸肩，双手也不能放在衣兜里，腿脚不能随便乱抖，两眼不可左顾右盼。只有严格要求自己，才会避免给别人留下不良印象。

坐要有坐相

在日常生活中，一个人坐姿端庄优美，会让人感到温文尔雅、稳重大方。如果一个人在大庭广众之下，不注意自己的坐姿，腰伸不直，腿乱叉开，他只能给别人留下不好的印象。坐姿是一种静态造型，它和站姿一样，也是十分重要的仪态，只不过它经常被人们忽视而已。

由于性别不同，坐姿对于男子和女子来说，会有不同的要求。对于男子，优美的坐姿主要有以下几种：

（1）标准式坐姿。这要求男子上身要正直上挺，两肩要正平，双手既可以放在两腿上，也可以放在扶手上，双膝要并拢，小腿要垂直地落于地面，两脚分开，形成大约45度的角度。

（2）前伸式坐姿。这首先要求男子保持上面提到的标准式坐姿。在此基础上，两小腿要向前伸大约一脚的长度，同时左脚要向前半脚，脚尖不要翘起。

（3）前交叉式坐姿。这要求小腿前伸，两脚的踝部交叉。

（4）屈直式坐姿。这要求左小腿回屈，前脚掌要着地，右脚前伸，双膝并拢。

（5）**斜身交叉式坐姿**。这要求两小腿交叉向左斜出，上体要向左倾，右肘要放在扶手上，同时左手扶把手。

（6）**重叠式坐姿**。这要求右腿叠在左腿膝上部，右小腿内收、贴向左腿，脚尖自然地下垂。

以上是男子的几种坐姿，对于训练的男子而言，一般只要训练适合自己的一两种就足够了。对于女子而言，**她们的坐姿讲究要更多一些**。主要有以下几种：

（1）**标准式坐姿**。这要求女子步伐轻缓地走到座位前，转身坐下后，两脚成小丁字步，左前右后，两膝并拢。除此之外，她的上身保持前倾，向下落座。当女子穿裙装的衣服时，她需要注意的是在落座时要用双手在后边从上往下把裙子拢一下，以防坐出皱褶或因裙子被打折坐住使腿部裸露过多。当她坐下后，上身要挺直，双肩要平正，两臂自然弯曲，两手交叉叠放在两腿中部，并靠近小腹。两膝并拢，小腿垂直于地面，两脚保持小丁字步。

（2）**前伸式坐姿**。这要求女子在标准坐姿的基础上，两小腿向前伸出，两脚并拢，需要注意的是脚尖不要翘。

（3）**前交叉式坐姿**。这要求在前伸式坐姿的基础上，右脚后缩，与左脚交叉，两踝关节重叠，两脚尖着地。

（4）**屈直式坐姿**。这要求右脚要前伸，左小腿屈回，大腿靠紧，两脚前脚掌着地，并在一条直线上。

（5）**后点式坐姿**。这要求两小腿要后屈，脚尖要着地，双膝要并拢。

（6）**侧点式坐姿**。这要求两小腿要向左斜出，两膝要并拢，右脚跟要向左脚内侧靠拢，右脚掌着地，左脚尖着地，头和身躯向左斜。

需要注意的是大腿与小腿要成90度，小腿要充分伸直，达到尽量显示小腿长度的目的。

（7）**侧挂式坐姿**。这要求在侧点式的基础上，左小腿要后屈，脚要绷直，脚掌内侧着地，右脚要提起，用脚面贴住左踝，膝和小腿并拢，上身右转。

（8）**重叠式坐姿**。这种坐姿又称为"二郎腿"，它是在标准式坐姿的基础上，两腿向前，一条腿提起，腿窝落在另一腿的膝关节上边。需要注意的是上边的腿要向里收，贴住另一腿，脚尖向下。这种坐姿是比较灵活的，它还有正身和侧身之分，手部也有交叉、托肋、扶把手等多种变化。不过这种坐姿只适合在家里用，在公众场合是不宜采取的。因为它表现出一种不严肃、不庄重的感觉。

小小的坐姿，还可以反映出人的不同性格和心态。一般而言，一个性格强悍的人心情愉悦时会不拘小节，落座时动作大而猛；一个性格谨慎的人落座时的动作则反映出小而轻缓。

除此之外，坐姿还因人而异。比如大部分男子喜欢张开双腿而坐，显示他们个性奔放坦率。而这种坐姿是不适合女子的。

通晓人情好处多

古人说："世事洞明皆学问，人情练达即文章。"整个社会人与人之间的关系都是靠"人情定律"来运转的，不通晓人情世故是不可能打通社会关节和走通人生之路的，因为人情是无根的东西，想要固定它，就必须牢牢地掌握它。

通晓人情，首先要有一种设身处地、将心比心的情感体验。从正面讲，就是要"己欲立而立人，己欲达而达人"。比如说，你肚子饿了要吃饭，应该想到别人也是如此；你身上冷了要穿衣，应想到别人也与你一样要穿衣。懂得这些，你就懂得了"推食食人""解衣衣人"这类最基本的人情大道理了。

汉王四年，韩信平定了齐国，他向汉王刘邦上书："我愿暂代理齐王。"刘邦大怒，转而一想，他现在身处困境，需要韩信，就答应了。韩信力量更加壮大。齐国人蒯通知道天下的胜负取决于韩信，就对他说："相你的'面'，不过是个诸侯，相你的'背'，却是个大福大贵之人。当前，刘、项二王的命运都握在你手上，你不如两方都不帮，与他们三分天下，以你的贤才，加上众多的兵力，还有强大的齐国，将来天下必定是你的。"

韩信说："汉王待我恩泽深厚，他的车让我坐，他的衣服让我穿，他的饭给我吃。我听说，坐人家的车要分担人家的灾难，穿人家的衣服要思虑人家的忧患，吃人家的饭要誓死为人家效力，我与汉王感情深厚，怎能为个人利益而背信弃义？"

过了几天，蒯通又去见韩信，告诉他时机失去了便不再来，韩信犹豫不决，只因汉王对他情深义重。

我们姑且不论刘邦以后如何处死了韩信，但就人情世故而言，刘邦的成功，在一定意义上也在于对韩信所施予的强大的人情攻势。

通晓人情从反面讲，就是要"己所不欲，勿施于人"。你爱面子，就别伤别人面子；你需要尊重，就不能不尊重别人。但是，在现实生活中，"只许州官放火，不许百姓点灯"的事，也不是没有人做。

项羽就是其中之一。虽然他有"霸王"的美称，却只有霸者的习气，没有王者的风范。他自己想称王，却想不到手下的弟兄也想做官。该赐爵的时候，爵印就在他手中，棱角都磨损了，他还是舍不得颁发下去。

因此，与其说项羽败给刘邦，还不如说他输给了人情。

在现实生活中，有的人过于相信人品而不相信人情，甚至视人情如敝屣，或把人情看成是沾染了赃物的幕后交易，因而不屑与人做人情、拉关系，他们认为只要自己做人正派、能力出众，就一定能赢得好的评价，缔结好人缘。其实，这显然是一种自我臆想的幼稚病。

人缘，其实是一张人际关系的网。缘，有"边"的意思，你的边与别人的边系在一起，就构成了一种关系，建立了一种缘分。

有人缘的人，才会广受欢迎。

但人情不能靠守株待兔坐等上钩，天上不会掉下一张馅饼，而且刚好掉到你的嘴里。人情要去做。做人情的方式方法有很多种，但前提便是察言观色、消息灵通。

察言，便是"闻一知十"；观色，便是"见面明意"。如果真正地做到了这一点，那么让你的朋友欠个人情给你，简直太容易了。

杜海生与王玉山在一家商场相遇，王玉山带着他的独生女，两人边走边谈些生意上的事情，当经过卖衣柜台时，杜海生注意到王玉山女儿的眼光落在一件红色衣服上。第二天，杜海生来到王玉山的家，送给王玉山的女儿一件红色的衣服，王玉山的女儿很开心，却没想到，她的父亲有一天要给"杜叔叔"一个面子，将这人情还上。

消息灵通、察言观色，不是谋划，也并非算计，这仅是为人处世的一种手段。巩固友情，让人情时盈时亏，一忽儿让它倾斜，一忽儿把它拉平，这样才能造成人情互动。因为两不相欠，往往意味着感情的淡漠或终结。

千里送鹅毛，礼轻情义重

古语云："物轻人意重，千里送鹅毛。"意思是说帮助别人或送东西给别人，并不一定要很贵重、值钱，只要有那种心意就够了，对方就会倍加感激。双方的情谊也会由此而加深、长久。

亲戚关系是一种比较亲近的人际关系，不仅在生活中应互相关照，在亲戚有困难的时候，伸出援助之手，在经济方面给以帮助，在工作、学习和思想方面也应建立起互帮互助的真诚关系。

富兰克林·罗斯福是美国历史上最伟大的总统之一，他连任四届总统，并带领美国人民参加了世界反法西斯战争，最后取得了伟大胜利。

富兰克林·罗斯福有一位表舅，他就是西奥多·罗斯福，富兰克林从小就特别崇拜他的舅舅，总希望自己将来也能成为美国的总统。

富兰克林为人善良，且特别细心，在与亲戚的交往中，经常能为他们做些力所能及的事情。有一次，西奥多·罗斯福过生日，而富兰克林（当时的他还不是总统）此时远在千里之外的芝加哥旅游。人们本以为富兰克林已来不及参加西奥多的生日宴会，可宴会进行不到一半时，从门外急匆匆地进来一个年轻人，正是富兰克林·罗斯福，他拿出一条表链对表舅说：

"真对不起，表舅，我已尽全力从芝加哥赶了回来，但还是晚来了一步，这条表链虽然不是值钱的礼物，但我希望您能喜欢。"

西奥多·罗斯福此时见到这种情况，激动地抱紧了自己的外甥。他激动的原因有两个，一个是富兰克林·罗斯福不远千里赶回来参加他的生日宴会；另一个原因是他的礼物，因为前不久西奥多的手表链坏了，正想叫人到芝加哥去买一条款式相同的表链，没想到富兰克林这么细心，当时就记在心上了。西奥多与富兰克林的感情一直亲如父子，在后来富兰克林参加总统竞选时，西奥多起了很大的指导作用。

在这里，富兰克林·罗斯福就充分利用了"千里送鹅毛"的原则，来了个"千里送表链"，虽然这表链并不贵重，但物轻情义重，正是这一点感动了西奥多·罗斯福，使他觉得这个外甥对自己的尊敬之情十分深厚。那么，谁会不喜欢这样的一个亲戚呢？灵通，知道何人正需帮助，在他尚未开口求助或碍于"面子"不便开口时主动"上门服务"，甚至已然把事办好，让他"受宠若惊""喜出望外""激动不已"，就如上述例子中的富兰克林·罗斯福所做的那样。

还有，在帮助亲戚时，不妨先不动声色，举重若轻，事前不张扬，事后不夸功，甚至"不认账"，当然也绝口不提"回报"的事。

另外，在"送鹅毛"之时不计利害，甚至无妨让自己"吃"一点"小亏"，或不大不小的"亏"，这"亏"当然是在不损害自己根本利益的前提下"吃"的，担一点不大不小或"有惊无险"的"风险"。

这三条，都能引起亲戚的"真情"，产生一种"怎样也报答不了"的心理，也就等于在原有的"亲情"基础上，又增加了分量。而且新增部分，往往大于前者。"本钱"虽未必多，"红利"却相当可观。

在人际交往中，无论亲戚也好，朋友也罢，用来表达情感的"鹅毛"一定要送出技巧来。因为这不是商业投资，有几份股就分几份红利。只有"送"得有技巧，让他人一辈子忘不了，才不是亏本的买卖。即便是"顺水人情"也不可做得太"顺手"，以免对方"小看"了自己，或来得容易去得快，不当回事。必须在送"鹅毛"时做点文章。并且送"鹅毛"后也要有后记，这才是懂人情、会做事的高手。

送礼，关键是要会送

如果你想在礼尚往来中办事成功，那么，关键在于要会"送"。办事人的聪明才智将在这个字上表现得淋漓尽致，或者你的蠢笨愚拙也将在这个字上落得个一览无余。

在新年到来之际，人们都争先给亲人、朋友、同学、同事、领导以及他人送礼表示心意，同时这也是一种礼节，但是，有没有受惠者得到了礼物，不高兴反而哭笑不得的呢？答案也是肯定的，不信的话，来看下面的故事：

某公司董事长张女士就是其中的一个。

那次，她出国办事，在回来之前，刚刚沉重的心才得以轻松，这时一位长年移居国外的老朋友，送来了一口大号的非常珍贵的金鱼缸。此时，她才想起来，自己无意间对朋友说自己喜欢养金鱼。于是，这位朋友也就不惜重金送来了这口鱼缸。

但是，待朋友放下礼物走了之后，她对着这口足以养几千条金鱼的大缸，差点就晕过去。本来订好机票就可以轻松地回去了，又来一个庞然大物，这飞机不坐不要紧，最要命的就是它到底要怎么运回去。

因此说，送礼也要会送，其实，礼物的轻重关系并不大，总的问题就是一定要给受礼之人开心和实用，只有这样，才能体现出送礼物的意义。

可以这样说，"送"是整个礼尚往来办事过程中的最后一环，送得好，方法得当，会皆大欢喜，境界全出。送得不好，让人挡回，触了霉头，定会堵心数日。所以，只有巧妙掌握送的技巧，才能把整个办事过程画上一个漂亮的句号。而且，有的时候送出的礼品也能传递信息。

要知道，一件非常理想的礼物，对于赠送者和接受者来说都传递着某种能够表达愿望的信息。一件精心挑选的礼品体现了你希望如何被人看待的心理。

礼物同时也是一个宣言。它宣告了你与对方的关系：一个好朋友、一个友善的亲戚、一位感激下属的老板或是一位热心的崇拜者，它也反映了你希望自己在别人心目中树立怎样的形象：一个能赞赏别人的人、一位情趣高雅的人抑或是一位知道如何用微笑来终止关系的人？更重要的是，它对接受者也是个宣言：他的忠诚得到了你的认可、他的坚韧精神值得赞扬、他的领导才能对本部门至关重要、他的健康令人牵挂、他使得做买卖成为一件乐事，或简而言之，他值得感谢。人人都赠送和接受礼品，不管送礼是否自愿，礼品须经挑选后方能呈送出去。每件礼品都成了你人品的延伸，对方也能从中衡量出你的兴趣，甚至包括你的智慧和才干。送什么、如何送都会给人留下重要的、持久的印象。同样的，无论我们承认与否，礼品对双方都有意义，它们在我们的生活中扮演着重要角色。

而且，我们对于礼品的渴求，也就是对赞同、慈爱、理解和爱情等的渴求。我们赠送与接受礼品的行为牵涉到生活的其他许多方面。通过礼品我们可以激励他人、教育他人，可以取得控制、获得补偿，可以显示知识和修养、表达友善和爱心，可以扩大个人的影响甚至结成团体等。礼品可以帮助建立或挽救一种关系，也可能改变或结束一种关系。对大多数人来说，精心挑选的礼品可以在事业和个人关系方面有所帮助。令人遗憾的是，每天都有人将大量的时间、金钱和能量浪费在毫无生气、不受人欢迎的礼品上。在如今这个五彩缤纷的社会里，人们年复一年地在礼物上花费大量的钱财，每年又增添一些送礼的节日，从祖先的诞生日到你邻居家小猫小狗的生日，真可谓面面俱到了。

现在，为了买到合适的礼品，有很多人感到时间和想象力不足。有些人甚至一下子买回大批同样的东西，如50只小型食品加工机！却往往又不适合于送给所有的人。因此，少花钱办好事就很重要了。那些会送礼的人不会简单地用礼品去讨好别人或是去尽义务。他们总是会用适当的方式将他所要传递的信息准确地传递出去。

在你送礼的时候，可以赋予礼品意义，它会让受礼人惊喜赞赏，相信这也是所有送礼人的心愿。礼品是感情的载体，因人因事因地施礼，是社交礼仪的规范之一。任何礼品都表示送礼人特有的心意，或酬谢、或求人、或联络感情等。所以，对于礼品的选择，也应符合这一规范要求，要针对不同的受礼品者的不同条件区别对待。你选择的礼品必须与你的心意相符，并让受礼者觉得你的礼品非同寻常，备感珍贵。一般说来，对家贫者，以实惠为佳；对富裕者，以精巧为佳；对恋人、爱人、情人，以纪念性为佳；对朋友，以趣味性为佳；对老人，以实用为佳；对孩子，以启智新颖为佳；对外宾，以特色为佳。

还要谨记一点，礼物的好坏不是用金钱来衡量的。没错，称得上好的礼物，其实并不一定都是价值不菲的，只要活动一下脑筋，你就能想到既经济又能传递情感的礼品了。

送人情一定要恰到好处

通情达理的人大都懂得送人情的艺术和分寸。

送什么，送多少，何日送，怎么送，都大有学问。送得恰到好处是人情，送得不当是尴尬；不管是无意中送的人情，还是有意送的人情，都有一个让对方如何感受，如何认识的问题。送人情最重要的不在于你送的情分是否轻，而在于对方感受是否重。所谓"千里送鹅毛，礼轻情义重"说的就是这个道理。通常世人最重视的人情是雪中送炭，口渴赐水。

别小看这"一炭之热""滴水之恩"，这样的人情可得倾囊回赠，涌泉相报。

每个人在社会中生活，内心都有一些需求，有的急，有的缓，有的重要，有的不重要；而我们在急需的时候得到别人的帮助，则内心感激不尽，甚至终生不忘。濒临饿死时送一只萝卜和富贵时送一座金山，就内心感受来说，完全不一样。有某种爱好的人，遇到兴趣相同的人则兴奋不已，以此为人生一大快乐。两个人脾气相投，就能交上朋友。所以要送人情，便应洞察此中三昧。

对身处困境的人仅仅有同情之心是不够的，应给以具体的帮助，使其渡过难关。雪中送炭、分忧解难的行为最易引起对方的感激之情，因而形成友情。比如，一个农民做生意赔了本，他向几位朋友借钱，都遭回绝。后来他向一位平时交往不多的乡民伸出求援之手，在他说明情况之后，对方毫不犹豫地借钱给他，使他渡过难关，他从内心里感激。后来，他发达了，依然不忘这一借钱的交情，常常会给对方以特别的关照。

所以恰到好处送出去的人情才是真正的人情。

（1）不要对别人施予的恩情过重，这会使人感到自卑乃至厌倦你，因为他一方面感到自己无法偿还这份人情，另一方面觉得自己无能。

（2）不对别人施以小恩小惠，不要让对方以为你在故意讨好他们，这样一来，你施予的"人情"也就不值钱了。

（3）对方不需要时，不要"自作多情"，因为这时你送人情会让对方感到多余，对方可能不领你的情。

（4）送人情不能临时抱佛脚。当对方知道你有比较重要和较麻烦的事要托付他时，你遇事抱佛脚而施予的人情就不值钱了，对方至多能把你所托之事办下来，下次有事再托付，还要重新送上情分，就像人情买卖一样。倘若对方办不了此事，或者你送的人情太轻，抵不住对方所要付出的代价，对方也不会轻易领你这份情，甚至干脆回绝你这份情，让你讨个没趣或尴尬。

人情是人与人之间的黏合剂，人的生活离不开人情。每个人都在送人情、还人情、合情合理地做人情。如果不常送人情，或者送了不讨好的人情，那么你就永远打不开通往人情世故的大门。

让自己能为别人所用

我们每个人都喜欢结交勤劳诚实、为人大方的朋友，亦即不斤斤计较、不怕吃亏的朋友。于是，凭勤劳诚实、慷慨大方取悦他人，便不失为一种与人交往、获得人情的好方法。

比勤劳诚实、为人大方更重要和更受欢迎的人，则是那些直接"对别人有用"的人。

古人说："天生我材必有用。"此说甚妙！不可否认，我们大都不是什么"社会精英"，但我们每个人也许都有某种长处或优势可以为人所用。

这个"用处"是什么，则因人、因事而异。

极具讽刺意味的地方就在这里：你"自以为是"的长处，对某人可能因为"没有用处"而不被视作你的长处。相反，有些你认为不足挂齿的小事、小本领或小关系，也许对某人刚刚"有用"，使你在他心目中升值，无形中给对方留下了人情。

不能武断地说朋友关系纯粹建筑在"用处"之上，但可以肯定的是，你对朋友的用处，实在是"促进他对你的友谊，加强他对你的感情"的一大重要条件。

由此，我们不禁想到我们对"朋友们"的不少用处，包括从请客吃饭，到联系工作、介绍朋友，甚至在日常生活中提供的诸多方便等。连"借出耳朵"听人诉苦并予以排解，或者拿出我们的古董笔来切磋技艺，都是我们这个"不才之人"对朋友们的用处。这些用处也是增进友情、助益人生的黏合剂和润滑油。

问题就在这里了，我们用我们的"用处"对一个朋友作出直接的贡献，有时不费吹灰之力，比勤劳诚实、为人大方还省事得多。更要指出的是，我们可能不自知，原来自己可以对朋友们如此"有用"，并因自己有用而成为他（她）的"好朋友"。

人与人交往得融洽，相处得好的窍门是针对什么人或什么事，发掘自己对这个人或这件事的"用处"，利用这"用处"来换取他那些可能对你同样有用的东西。

这并非功利思想，只是因为人际关系上"用处"最能促进友谊加深感情。

常常做一些举手之劳的小事情，尽管有些微不足道，但对于他人来说也许是最大的"用处"。人与人之间的交往正是从这点滴的相互接受的"用处"中开始的。

和批评你的人交朋友不见得是坏事

朋友对你的一生有很大影响，交友不慎，他（她）会处处算计你，甚至会让你倾家荡产，妻离子散。

既然交友有这么多害处，那不交朋友可以吗？

事情并没有那么简单，因为没有朋友，也就差不多无路可走，寂寞一生了。即使你闭紧心扉，还是会有人来用力敲。当有人来敲你的心扉时，你应还是不应？应的话，可能那是个坏朋友，不应的话，可能失去一个好的朋友。

因此，你总是要面对"交朋友"这个问题的。交到好的朋友，你可能会受益一生，得到无限的乐趣，至少不会受到伤害。而若交到坏的朋友，想不走入歧途、不倒霉是很难的。

一样米饲百样人，人有很多种，在对待朋友的态度上也有很多种类型，有每天说好话给你听的；有看到你不对就批评、指责你的；有热情如火、喜欢奉献的；有冷漠如冰，只考虑个人利益的；有憨厚的，也有狡诈使坏的……

这么多类型的朋友，好坏很难分辨，而当你发现他坏时，常常已来不及了，因此平时的交往经验极为重要。

不过有一种类型的朋友肯定是值得交往的，那就是会批评、指责你的朋友。

和只会说好话的朋友比起来，那些只知道批评、指责你的朋友是令人讨厌的，因为他说的都是你不喜欢听的话，你自认为得意的事向他说，他偏偏泼你冷水，你满腹的理想、计划对他说，他却毫不留情地指出其中的问题，有时甚至不分青红皂白地就把你做人做事的缺点数说一顿……反正，从他嘴里听不到一句好话，这种人要不让人讨厌也真难。但是这种朋友，如果你放弃，那就太可惜了。

基本上，在社会做过事的人都会尽量不得罪人，因此多半是宁可说好听的话让人高兴，也不说难听的话让人讨厌。说好听的话的人不一定都是"坏人"，但如果站在朋友的立场，只说好听的话，就失去了做朋友的义务了；明明知道你有缺点而不去说，这算什么朋友呢？如果还进一步"赞扬"你的缺点，则更是别有居心了。这种朋友就算不害你，对你也没有任何好处，大可不必浪费时间和这样的人交往。

但实际上的情形如何呢？很多人碰到光说好话的朋友便乐陶陶，不知是非了；其实他们顺着你的意思说话，让你高兴，为的就是你的资源——你的可以被他利用的价值，很多人被朋友拖累就是这个原因。

比较起来，那些让你讨厌，像只乌鸦，光说难听的话的朋友就真实得多了。这种人绝对无求于你（不挨你骂，不失去你这个朋友就很不错了），他的出发点是为你好，这种朋友是你真正的朋友。

也许你不相信我所说的，那么想想父母对待子女好了。

一般父母碰到子女有什么不对，总是责之、骂之，子女有什么"雄心壮志"，也总是想办法替他踩踩刹车，不让他脱缰而去，为的是什么？是为子女好，怕子女受到伤害，遭到失败。这是为人父母的至情。

朋友的心情也是如此，否则他为何要惹你讨厌？说些好听的话，你说不定还会给他许多好处呢。

批评你的人看到你身上的缺点，并用特定的口气告诉你，这是你完善自我的机会。所以，经常说好话的人，不一定是好人，而经常批评、指责你的人有可能才是你人生的导师。

分清工作和友情的关系

你的一生，可能要交很多朋友，在这些人中，不知有没有你的"死党"。其实，多数朋友只是普通朋友，真正可称为"死党"的朋友并不多。

但在生活中我们也常发现，一些"死党"到后来还是散了，有的是"缘尽情了"式的散，有的则是"不欢而散"式的散，无论怎么散，就是散了。

人能有"死党"是很不容易的，可是散了，却又非常可惜。

而"死党"一散，尤其那种"不欢而散"的散，要再重新组"党"是相当不容易的，有的甚至根本无再见面的可能。

人一辈子都不断在结交新的朋友，但新的朋友未必比老的朋友好，失去友情更是人生的一种损失，因此我认为好朋友要"保持距离"。

这话听起来是有些矛盾，好朋友应该常聚首，保持距离不就疏远了吗？

问题就出在"常聚首"上，很多"死党"就是因为一天到晚在一起，所以才散了。为什么呢？

人之所以会有"一见如故""相见恨晚"的感觉，之所以会有"死党"的产生，是因为彼此的气质互相吸引，一下子就越过鸿沟而成为好朋友，这个现象无论是异性或同性都一样。但再怎么相互吸引，双方还是会有些差异的，因为彼此来自不同的环境，受不同的教育，因此人生观、价值观再怎么接近，也不可能完全相同。当二人的蜜月期一过，便无可避免地要接触彼此的差异，于是从尊重对方，开始变成容忍对方，到最后成为要求对方。当要求不能如愿，便开始挑剔、批评，然后结束友谊。

很奇妙的是，好朋友的感情和夫妻的感情很类似，一件小事也有可能造成感情的破裂。我有一位朋友，他和租同一栋房子的房客成为朋友，后来因为对方一直不肯倒垃圾，他认为受到了不公平的对待，于是愤而搬出去，二人至今未曾再来往过。

所以，如果有了"好朋友"，与其太接近而彼此伤害，不如"保持距离"，以免碰撞。

人说夫妻要"相敬如宾"，如此自然可以琴瑟和谐，但因为夫妻太过接近，要彼此相敬如宾实在很不容易。其实朋友之间也要"相敬如宾"，而要"相敬如宾"，"保持距离"便是最好的方法。

何谓"保持距离"？

简单地说，就是不要太过亲密，一天到晚在一起，也就是说，心灵是贴近的，但肉体是保持距离的。

能"保持距离"就会产生"礼"，尊重对方，这礼便是防止与对方碰撞而产生伤害的"海绵"。

有时太过保持距离也会使双方疏远，尤其是经济社会，大家都忙，很容易就忘了对方，因此对好朋友，也要打打电话，了解对方的近况。偶尔碰面吃吃饭，聊一聊，否则就会从"好朋友"变成"朋友"，最后变成"只是认识"。

也许你会说，"好朋友"就应该同穿一条裤子，彼此无私。

能这样想很好，表示你是个可以肝胆相照的朋友，但问题是，人的心是很复杂的，你能这么想，你的"好朋友"可不一定这么想；到最后，不是你不要你的朋友，就是你的朋友不要你。更何况，你也不一定真的了解你自己，你心理、情绪上的变化，有时连你自己都不能掌握。

距离产生美，距离留住友谊。为了你的人生不再寂寞孤单，你要与你的好朋友保持距离。

人有千般，脸有万变

对不同的人要会说不同的话，同样，对不同的人也要会变不同的脸孔。善于变脸保证你处万变于泰然，处万险于平安，稳妥顺当应对社会的各种场面和人生的各种机变。

"不要以为一个人只有一张脸。女人不必说，常常'上帝给她一张脸，她自己另造一张'。不涂脂粉的男人的脸，也有'卷帘'一格，外面摆着一副面孔，在适当的时候如帘子一般卷起，另露出一副面孔。"梁实秋先生为我们勾画了旧时官场上的男人脸谱。"误入仕途的人往往都有这一套本领。对下属道貌岸然，或是面部无表情，像一张白纸似的，使你无从观色，莫测高深，或是面皮绷得像一张皮鼓，脸拉得驴般长，使你在他面前觉得矮好几尺！但是他一旦见到上司，驴脸立刻缩短，再往瘪里一缩，马上变成柿饼脸，堆下笑容，直线条全变成曲线条；如果见到更高的上司，连笑容都凝结得堆不下来，未开言嘴唇要抖上好大一阵，脸上作出十足的诚惶诚恐之状。帘子脸是傲下媚上的主要工具，对于某一种人是少不得的。"

梁先生的"脸谱论"道出了逢场作戏的实质本领。能够一会儿红脸一会儿白脸，集软硬兼施、刚柔并用、德威并加于一身，便能像一位出色的演员，胜任自己在社会中扮演的角色。

在京剧里，演员在脸上涂有特定的谱式和色彩以寓褒贬。其中红色表示忠勇，黑色表示刚烈，白色表示奸诈。不同的脸谱显示了不同的角色特征。在实际操作中我们虽然借用京剧脸谱的名称，可务必请注意：真实的人间心态千奇百怪，脸谱色彩多种多样，不是两三种名称就能道明其中奥妙差别的。

任何一种单一的方法只能解决与之相关的特定问题，都有不可避免的副作用。对人太宽厚了，便约束不住，结果无法无天；对人太严格了，则万马齐喑，毫无生气。有一利必有一弊，不能两全。高明的领导者深谙此理，为避此弊，莫不运用红白脸相间之策。有时两人连档合唱双簧，一个唱红脸，一个唱白脸；更高明者，可像演员，根据角色需要变换脸谱。今天是温文尔雅的贤者，明天变成杀气腾腾的武将。

这样做的好处极多，不仅能自如应对生活中的各种人，恰到好处地借助他人之力，而且还能在复杂多变的世事中游刃有余，顺利达到自己的目的。

在人生舞台上，每个人扮演着不同的角色。要想把自己的角色演好，就要针对不同场合、不同环境，随时变换脸谱；运用不同的方法和计谋，把人生的戏演成功。当然，这需要你具备一定的计策谋略。

低调是一种境界

某公司有一位职员，在公司工作不足四个月，就选择了离开公司。一不是自己的能力达不到，二不是自己沟通处事的能力差，三不是在公司里无用武之地，那究竟是为什么呢？原来这位员工在从事自由研究之余，通过偶然的机会与这家公司的员工接触，他发现这家公司的员工在介绍自己公司的产品时，说得有些不明不白，于是他就从沟通技巧的角度针对性地提了一些建议。没想到该公司的老板直接打电话邀请他面谈，而后，他意外地进入了这家公司。刚进入公司时，老板就要求他立即着手帮助解决他发现的问题，为此不仅要建立一些规则，还要打破一些规则。特别是后来老板决定由他来主管重新包装产品，在设计文案时，他发现他的顶头上司对他构成很大的阻力，因为他要大刀阔斧修改的原方案就是他的顶头上司设计的。于是，他很困惑，是该通过主动协调沟通争取把事情做好呢？还是放弃原则投其所好呢？当感觉阻力越来越大而被迫放弃时，其实他与上司的关系就显得有些微妙了。最后，他只好选择回避。他没有获得上司的真正配合与支持，这就为离职埋下了伏笔。

总的来看，这位员工在入职时就没有获得有利于他的环境。让自己暴露在一线，在众多的眼球注目下承担关键工作，那么无论你大显身手的结果如何，对自己都不太有利。你做好了，你是个人才，但这样一来有人会患上"红眼病"，以后不积极与你配合；二来领导因为看中你，会安排一些更有挑战性的事情让你做，这对一个还没有完全熟悉环境的人来说，事实上是拔苗助长，结果可能害了自己。所以，低调做人，不仅是一种自我保护的策略，也是对人的一种尊重，更是做人的心机所在。

低调不是安贫乐道，也不是在物质短缺的时期所谓的"朴素"，更不是阿Q的"精神胜利法"，只有你的财富得到足够的积累，你才有可能在物质享受上保持低调。只有你在精神境界上有了足够的沉淀，你才有可能在精神生活上保持低调。并不是所有的成功者都会低调。当然，在人面前肆意地享受成功，其实也是无可厚非的，刘邦说，如果富贵不回家乡，就是"锦衣夜行"，即使穿上好衣服也没有人看见，这种心态我们大多数人都有，毕竟取得巨大成功的人，一般不太可能心甘情愿地保持低调。真正像法国著名的存在主义哲学家沙特那样拒绝领取诺贝尔奖的人总是少数。固然，沙特这样的低调有点极端，我们普通人不可能做到，特别是在现代社会，高调可以创造名气，名气就是价值，谁能轻易放弃出名的机会呢？所以，我们可以套用一句话，"成功难，成功的人保持低调更难"。有品位的人不一定低调，有内涵的人也不一定低调，成熟的人也可以不低调，但是，反过来说，低调的人，更有品位，更有内涵，也更成熟。

抱怨别人不如改变自己

很多时候，一件事，一个人，就能令我们长时间地烦恼或者悲伤。当抱怨也随之而来，情况会变得更加糟糕。我们之所以抱怨，是因为不满，而不满多半是因为对别人的苛求。

之所以说是苛求，是因为别人的样子是你所不能改变一丝一毫的，比如你的老板脾气就是不好，你的同事说话就是有点让人难以接受，你的朋友吃饭的口味就是无法和你保持一致等。对这些，一些人选择了抱怨，但那能怎样呢？完全无济于事，不过是徒增自己的烦恼而已。

我们抱怨别人身上的某些缺点，甚至难以忍受，都是因为我们想改变别人，而事实上这并不可能。与其在抱怨中制造坏情绪，不如试着去改变自己，也许局势就会朝着有利于你的方向发展。

汉克斯毕业于美国的耶鲁大学，又在德国的佛莱堡大学拿到了硕士学位，是位矿冶工程师。他满怀信心地去找美国西部的大矿主赫斯特应聘，却遇到了麻烦。

矿主赫斯特是个脾气古怪又很固执的人，他自己没有文凭，也不相信那些文质彬彬又专爱讲理论的工程师。汉克斯递上自己的引以为傲的文凭，满以为老板会对他另眼相看，没想到赫斯特却很不礼貌地对汉克斯说："对不起，我可不需要什么文绉绉的工程师。德国佛莱堡大学的硕士，你的脑子里装满了一大堆没有用的理论。"

汉克斯听了他的话，没有生气地扭头走人，而是故作神秘地说："假如你答应不告诉我父亲的话，我要告诉你一个秘密。"

赫斯特表示同意，于是汉克斯对赫斯特小声说："其实我在德国的佛莱堡并没有学到什么，那3年就是混日子。我之所以在那待到毕业，完全是因为我的父亲，他身体不太好，我不想惹他不高兴。"

赫斯特听了赞许地点点头说："好，那明天你就来上班吧。"

相信大多数人在遇到赫斯特这样一位顽固不化的老板时，会愤愤地甩手走人，并且会向其他人抱怨自己曾遇到了一个多么可笑和固执的老板。汉克斯却没有这么做，他没有抱怨，而是随机应变，迎合了对方的观点，最终得到了这份工作。这一点改变也完全没有影响到汉克斯在大学里学到的东西，关键在于他因此而得到了这份工作，也许我们不得不承认他是聪明的。

抱怨纵然能解一时怒气，但是并不能解决问题，更不能让我们成为最后的赢家，所以，为了更长远的利益，抱怨别人不如改变自己。这是一个发生在美国新闻圈里的真实故事：

麦克是一家电视台的记者，颇有才华，白天采访财经路线，晚上播报7点半的黄金档，一切似乎都很圆满。直到偶然的一次，他不小心得罪了他的顶头上司——新闻部主管。之后，他就被以不适合播报黄金档为由，改播深夜11点的新闻。

麦克知道这是新闻部主管给自己小鞋穿，但他没有反驳，更没有抱怨，而是欣然接受，他说："谢谢主管，因为我早盼望运用6点钟下班后的时间进修，却一直不敢提。"

　　从此麦克果然每天一下班就跑去进修，并在10点多赶回公司，预备夜间新闻的播报工作。他把每一篇新闻稿都先详细过目，充分消化，丝毫没有因为夜间新闻不那么重要，而有任何松懈。

　　由于麦克的认真和努力，他主持的夜间新闻受到了大家的好评，收视率也有了很大的提高。然后，就有观众不断写信问，为什么麦克只播深夜，不播晚间？消息终于传到了台长那里，台长找来了新闻部主管，责令他立刻将麦克调回7点半的黄金档。

　　麦克又回到了黄金档，但是很快新闻部主管让学财经出身的麦克改跑其他路线，这对跑财经已颇有名气的麦克来说，简直是一种侮辱。麦克不禁怒火中烧，但他强迫自己冷静下来，依然毫无怨言地接受了。

　　后来有一天，台长打电话给新闻主管说："明天有财经首长来公司晚宴，请麦克作陪。"

　　新闻部主管说："报告总经理，麦克已经不跑财经路线了。"

　　"他怎么能不跑财经路线呢？他不是学财经的吗？不跑也得来参加，他是专家，饭后由他做个专访。"

　　从此，每有财经界的重要人物来电视台，都由麦克作陪，并顺便专访。渐渐地，同事们都议论说："看见没？麦克现在是大牌了，只有来了重要人物，才由他出面采访呢。"而接受麦克采访的人也都以此为荣，那些不是由麦克采访的人，则有了怨言。

　　"不能厚此薄彼，以后财经一律由麦克跑，别人不要碰。"台长又发话了。于是，新闻部主管不得不把麦克"请"回财经记者的位子。

　　几次整治麦克都没成功，让新闻主管很恼火。不久，他又拒绝了麦克提出的做益智节目的要求，让他去制作一个新闻评论性的节目。

大家都知道这类节目通常是吃力不讨好的，收入又不多，再加上新闻性节目要赶时间，非常麻烦。

但麦克仍然没有抱怨地接受了下来，别人都说他傻，他也不辩解，慢慢地节目上了正轨，有了名声，参加者都是一时的要人。台长见参加者常常都是重要官员，于是就要求亲自审核麦克制作的脚本。之后，麦克与台长当面讨论节目的机会多了，他也渐渐成了台里的热门人物。一年后，原来新闻部的主管调走了，麦克理所当然地接任了这个职位。

面对新闻部主管一次又一次的刁难，麦克都没有抱怨，而是更加的努力，终于凭借自己的实力，成了最后的赢家。如果麦克只是抱怨，那么他也许早就被新闻部主管气走了，哪里还有后来的成绩？

当然，面对别人的刁难，尤其是领导故意和你过不去，那实在是让人难以忍受的，有所怨言也是理所当然的，可是，那样也注定难成大事。不如改变自己，去适应环境，进而赢得脱颖而出的机会。

身处社会，就要与形形色色的人打交道，显然并不是每个人都如我们期望的样子，甚至他们会为了某个目的而不择手段，我们奈何不了。抱怨更是无济于事，不如学会忍耐，改变自己，去赢得最后获胜的机会。

小心突然升温的友情

生活中，如果你只与某人一起吃过饭或只与他见过一次面，他们算不上你的好朋友，充其量也只是普通朋友；如果你和某人曾是好友，但有一段时间未联络，感情似乎已经淡了……

如果这样的人突然对你热情起来，那么你应该有所警觉，因为这种行为表示他可能对你有所图。之所以用"可能"这两个字，是为了对这样的行为保持一份客观，避免以小人之心度君子之腹，误解对方的好意；因为人是有感情的动物，他有可能在一夜之间，因为你的言行而对你产生无法抑制的好感，就像男女互相吸引那样；不过这种情形不会太多，而你也要尽量避免这种联想，碰到突然升温的友情，只有冷静待之，保持距离，才不会被烫到。

要分析这种"友情"是否含有"企图"并不难，首先是看看自己目前的状况，是否握有资源，例如有权有势？如果是，那么这个人有可能对你有企图，想通过你得到一些好处；如果你无权也无势，但是有钱，那么这个人也有可能会向你借钱，甚至骗钱；如果你无权无势又无钱，没什么好让别人求的，那么这突然升温的友情基本上没有危险——但也有可能"项庄舞剑，意在沛公"，是想利用你这个人来帮他做些事，例如有些人就被骗去当劳力；或是重点在你的亲戚、朋友、家人，而你只是他过河的踏脚石。

根据自己本身的状况检查这突然升温的友情有没有"危险"之后，你的态度仍要有所保留，因为这只是你的主观认定，并不一定正确，所以面对这突然升温的友情，你要做到以下几点。

1.不推不迎

"不推"是不回绝对方的"好意"，就算你已经看出对方的企图也不要立即回绝，否则很可能得罪人；但也不可迫不及待地迎上去，因为这会让你抽身不得，抽了身又会得罪对方，把自己变得很被动。不推不迎就好比男女谈恋爱，回应得太热烈，有时会让自己迷失，若突然斩断"情丝"，则会惹恼对方。

2.冷眼以观

"冷眼"是指不动情，因为一动情就会失去判断的准确性，此时不如冷静地观看他到底在玩什么把戏，并且做好防御，避免措手不及。一般来说，对方若对你有所图，都会在一段时间之后"图穷匕现"，显现他的真实目的，他不会跟你长时间耗下去的。

3.礼尚往来

对这种友情，你要"投桃报李"，他请你吃饭，你送他礼物；他帮你忙，你也要有所回报，否则他若真的对你有所图，你会"吃人嘴软，拿人手短"，被他牢牢地控制住。

"害人之心不可有，防人之心不可无。"一定要注意突然升温的友情。

善待他人，善待自己

如果你感到自己的人际关系不良，很有可能是自己在促使他人以一种不友好的方式对待你。要改变这种人际关系，你需要改变自己的行为。

1.谦逊和隐私是最好的保护

当生活以你希望的方式进行时，请不要吹牛。因为那样他人会憎恨你，或希望你走霉运。好运和霉运一样会光顾所有人，你为什么想要高人一等呢？掌握平息自己欲望的艺术，你就会得到更多。真正的幸福是内心平和、自我满足，以尊重他人感受的方式，与他人分享你的幸福。在你和霉运之间，谦逊和隐私是最好的保护。与朋友分享你的好消息，与敌人分担你的坏消息。尽管你尽最大的努力，仍会有人想降低你的威望，但那些嫉妒的人只是想引起你的注意。与他们分享一些你的好运，如果这个举动没有作用，便要远离他们，试着不再想那些令你烦恼的人和事。相比而言，经常沉溺于消极、感觉不幸的人，其感觉幸福的可能性要少70%，不要使自己成为这种人的一分子，

2.宽容的力量

不可否认的是，不管如何控制自己的愤怒，当有人作出令你厌烦的事或制造问题时，你总会感到愤怒、失望和被欺骗。

假设一位朋友答应帮你照顾孩子，以便让你去听最喜欢的音乐会。但在最后一刻，他为了一个无法让人信服的理由，使你不能如愿成行。第二天他来道歉，但你仍火冒三丈，发现难以原谅他，因为他知道你非常想去欣赏这场音乐会。他提出请你吃一顿午餐作为补偿，而你依然不明白他为什么不能帮你这个忙。你们出去吃午餐，做些简单的交谈，饭菜虽然美味可口，但你无法尽情享用，越吃越觉得没有胃口，并感到非常疲累。你想享受这个时刻，却无法做到。满怀怨恨可能让你觉得自己是在教训别人，而事实上是你正在关闭自己的积极状态，将好运拒于门外。同时，愤怒也将使你感到不舒服与厌烦。满怀怨恨最终只会伤害一个人——就是你自己。原谅他人很困难，就像坚持经常锻炼一样，尽管知道会带来更好的感觉，但身体力行却不容易。

3.谅解他人

如果用挑剔的眼光来观察别人，每个人都有让人不满意的地方，所以当你对别人的行为表示愤慨时，请先问问自己希望别人如何对待

你的不足之处，自己的缺点是否比他人更糟糕，他人的行为是否具有严重的影响。

如果你生气的原因是接线生没有为你接到正确的用户，这时你有两种选择：你可以生气地斥责他不称职；或想象他正在适应新工作，整天面对不耐烦的客户，肯定也为自己不能处理这么简单的工作而沮丧；或者想象接线生有个人问题、学习困难，甚或他的小狗昨晚闹了一夜，所以他今天不能集中注意力。我们都会有这种时刻，就谅解他吧。当别人让你生气时，先反思自己为什么想改变他们，为什么不能站在对方的角度为他们想一想。与其假设他们的伤害行为是故意的，为什么不假设他们是因为不够熟练、有事困扰、不够细心——就像你偶尔也会遇到相同的状况一样。他们或许出发点是好的，但结果却不尽如人意。当你对别人的缺点生气时，请试着找出他们的优点。如此一来，你会发现换位思考会让生活更顺利。在你为琐事烦扰时，不妨问问自己："事情是否真的如此严重？"如果是，跟合适的人讨论一下，此时你会发现经常耿耿于怀的，也许都是些不太重要的事情。值得为房间不是十分整洁而耿耿于怀吗？值得为工作时别人不小心使用过你的杯子大发雷霆吗？当你情绪很好时，这些小小的不满实在不算什么；当你情绪低落时，这些琐事却看起来很重要。下次当你再被琐事烦扰时，先问问自己："这是什么大不了的事情吗？"如果答案为否，就告诉自己没什么大不了，随它去吧。

4.远离指责

如果事情没有按照我们的预期进行，指责别人很容易。也许别人做的事情确实不能帮助你，但一定要控制自己，因为生气时伤害的是自己。

指责别人会使幸运远离。你不能改变过去，却可以改变未来。某些人之所以不幸运，只因周围的环境对他们不利。因为他们经常指责别人，缺乏宽容心，幸运之神自然不会光顾，致使他们错失许多能改变自己命运的机会。

为你自己的问题负责，尽量不要指责别人，否则听起来好像在为自己找借口。找借口的目的在于自我防御，一旦你为自己开脱，你就不会努力改善自己。所以，幸运的秘诀就是要从错误中学习，且不再犯相同的错。

5.原谅自己

停止指责生命中最重要的人——自己。对自己的批评会让你觉得沮丧无助，甚至让幸运的机会溜走。沮丧会消磨人的意志，阻碍人的行动，从而使幸运远离你。

提高动力是件好事。为自己设定现实目标的人会是一个适应环境的完美主义者。但倘若他们害怕犯错，或认为事情不按计划进行就是失败，那么过高的期望只会导致问题的出现。

原谅自己。假设你犯了一个错误或做出愚蠢的事，例如：将会褪色的红色衣服和白色衣服一起洗，结果全部变成粉红色；个人开支严重超出预算；炒股亏本；等等。结果你开始责难自己，但这种自我惩罚不能解决任何问题，怎么办？

请像一个4岁孩子般轻轻跟自己说话，轻言细语远比斥责自己更有建设性。不要消极评价自己"很笨"，告诉自己"下次我会做好"，做个深呼吸，让自己冷静、放松，这样会更容易解决问题，甚至以别人的角度看看发生的事，观察自我对话的方式。

6.化悔恨为行动

犯错后最重要的是从中学习，并对此负责。悔恨或遗憾在短时期内有用，时间一长你只会重复犯下相同错误，使自己陷入困境。所以你不能只是悔恨，还要改正错误，尽可能弥补，然后继续前行，创造好运。当你认为迫切需要改正错误时，创造好运的潜力最大。因此，擅用这股潜在能量，将悔恨变成解决问题的动力，事情就会立即不同。

尽管你希望错误从来没发生过，但依然要积极行动，尽可能将坏事变成好事。如果有需要，寻求专业咨询来解决。总之，尽力避免同样的错误发生，让过去随风而去，为别人树立一个从逆境中崛起的鲜活榜样。

不要为了迎合别人而活着

有个人一心一意想升官发财，可是从年轻熬到斑斑白发，却还只是个小公务员。这个人为此极不快乐，每次想起来就掉泪，有一天竟然号啕大哭起来。有人问他为什么这样难过。他说："我怎么不难过？年轻的时候，我的上司爱好文学，我便学着作诗、学写文章，想不到刚觉得有点小成绩了，却又换了一位爱好科学的上司。我赶紧又改学数学、研究物理，不料上司嫌我学历太浅，不够老成，还是不重用我。后来换了现在这位上司，我自认文武兼备，人也老成了，谁知上司又喜欢青年才俊，我……我眼看年龄渐高，就要退休了，一事无成，怎么不难过？"

可见，没有自我的生活是苦不堪言的，没有自我的人生是索然无味的，丧失自我是悲哀的。要想拥有美好的生活，自己必须自强自立，拥有良好的生存能力。没有生存能力又缺乏自信的人，肯定没有自我。一个人若失去自我，就没有做人的尊严，就不能获得别人的尊重。

活着应该是为了充实自己，而不是为了迎合别人的旨意。没有自我的人，总是考虑别人的看法，这是在为别人而活着，所以活得很累。有些人觉得，老实巴交会吃亏、会被人轻视；表现出众又引来责怪，遭受压制；甘愿瞎混，实在活得没劲；有所追求吧，每走一步都要加倍小心。家庭之间、同事之间、上下级之间、新老之间、男女之间……天晓得怎么会生出那么多是是非非。你和新来的男同事有所接近，就有人怀疑你居心不良；你到某领导办公室去了一趟，就会引起这样或那样的议论；你说话直言不讳，人家就感觉你骄傲自满、目中无人；如果你工作第一，不管其他，人家就会说你不是死心眼、太傻，就是有权欲、有野心……凡此种种飞短流长的议论和窃窃私语，可以说是无处不生、无孔不入。如果你的听觉、视觉尚未失灵，再有意无意地卷入某种漩涡，那你的大脑很快就会塞满乱七八糟的东西，弄得你头昏眼花、心乱如麻，岂能不累呢？

从前，有一个士兵当上了军官，心里甚是欢喜。每当行军时，他总喜欢走在队伍的后面。

一次在行军过程中，他的敌人取笑他说："你们看，他哪儿像一个军官，倒像一个放牧的。"军官听后，便走在了队伍的中间，他的敌人又讥讽他说："你们看，他哪儿像个军官，简直是一个十足的胆小鬼，躲到队伍中间去了。"军官听后，又走到了队伍的最前面，他的敌人又挖苦他说："你们瞧，他带兵打仗还没打过一个胜仗，就高傲地走在队伍的最前边，真不害臊!"军官听后，心想：如果什么事都得听别人的话，自己连走路都不会了。从那以后，他想怎么走就怎么走了。人要是没了自己的主见，经不起别人的议论，那么就会一事无成。我们若想活得不累，活得痛快、潇洒，只有一个切实可行的办法，就是改变自己，主宰自己，不再相信"人言可畏"。

我们每个人绝无可能孤立地生活在这个世界上，几乎所有的知识和信息都要来自别人的教育和环境的影响，但你怎样接受、理解和加工、组合，是属于你个人的事情，这一切都要独立自主地去看待、去选择。谁是最高仲裁者? 不是别人，而是你自己! 歌德说："每个人都应该坚持走自己开辟的道路，不被流言所吓倒，不受他人的观点所牵制。"让人人都对自己满意，这是个不切实际、应当放弃的期望。我们周围的世界是错综复杂的，我们所面对的人和事总是多方面、多角度、多层次的。我们每个人都生活在自己所感知的经验现实中，别人对你的反映大多有其一定的原因和道理，但不可能完全反映你的本来面目和完整形象。别人对你的反映或许是多棱镜，甚至有可能是让你扭曲变形的哈哈镜，你怎么能期望让人人都满意呢? 如果你期望人人都对你看着顺眼、感到满意，你必然会要求自己面面俱到。你认真努力，去尽量适应他人，能做得完美无缺，让人人都满意吗? 显然不可能! 这种不切合实际的期望，只会让你背上一个沉重的包袱，顾虑重重，活得太累。

一位画家想画出一幅人人见了都喜欢的画，画完后，他拿到市场上去展出。画旁放一支笔，并附上说明：每一位观赏者，如果认为此画有欠佳之笔，均可在画中涂上记号。晚上，画家取回画，发现整个画面都涂满了记号。画家十分不快，对这次尝试深感失望，他决定换一种方法去试试。画家又摹了一张同样的画拿到市场上展出。可这次，他要求观赏者将其最为欣赏的妙笔标上记号。当画家再取回画时，画面又被涂遍了记号，一切曾被指责的笔画，如今却都换上了赞美的标记。

我们无法改变别人的看法，能改变的仅是我们自己。每个人都有每个人的想法，每个人都有每个人的看法，不可能强求统一。讨好每个人是愚蠢的，也是没有必要的。与其把精力花在一味地去献媚别人、无时无刻地去顺从别人上，还不如把主要精力放在踏踏实实做人、兢兢业业做事、刻苦学习上。改变别人的看法总是艰难的，改变自己总是容易的。

走自己的路要执着

西方有位哲学家讲：存在即是合理的。这句话，虽有失偏颇，但从另一角度来看，只要是符合内外一致规律的事物，应该就是合理的。既然是合理的，那么就应该不为外界所左右。正如但丁所言："走自己的路，让别人说去吧！"

1.人要有一定之规

走自己的路，就是要有主见，有主见，就是要不轻易被别人的说法所左右。

有个寓言，讲的是爷孙俩骑不骑驴都错了的故事，听起来颇有趣，也让人深思。故事说，爷孙俩骑驴外出，开始爷爷坐在驴上，孙子徒步，这时遇见几个少年，他们立即指责这位"爷爷"，怎么只图自己享受，让自己那么小的孙子走路。爷爷一想也对，孩子那么小，是不宜辛苦跋涉。于是爷爷下驴，换孙子坐上去。

孙子坐上去还没一会，又遇见几个年纪大的人，他们异口同声地责备驴上的那个小孩，怎么能够让自己胡子已经花白了的爷爷走路，自己却优哉游哉地安享快乐呢！这孙子一想，也觉自己不对，自己年纪轻轻的，却让爷爷劳累，真是过意不去。这孙子也从驴上下来，他们干脆两人都不骑驴，一起徒步赶路。

没走一会儿，又遇见几个人，他们嘲笑说，这爷孙俩真是糊涂，牵着坐骑不用，白白用脚赶路，真是蠢笨如驴。这爷孙俩想了一想，不无道理。怎么能让人走路，却让天生驮物的牲口闲着呢！

于是这爷孙俩全骑上驴去，还没走上几步远，又遇见一群人，他们又批评道，你看这爷孙俩像不像话，两个人骑在驴背上，不怕把驴压死了吗？牲口虽是牲口，好歹也是条命啊！这爷孙俩一听，也觉对方没有说错，他们又下来徒步。可是这下他们犯难了，不知所措。

事实上，他们完全没必要受别人言行左右。怎么骑，都是有道理的。自己掌握去吧！

2.及早找到过错的症结

如果不找到真正的错误的症结，那就势必要重蹈覆辙。

一个犹太人养了一群鸡。一天，他急急忙忙跑来找拉比说："拉比，我的鸡得了鸡瘟，已经死了一半。"

"你给它们吃什么？"

"大麦。"

"你应该给它们吃小麦！"

第二天早上，这犹太人又气喘吁吁地跑来了："拉比，又有五十只鸡病死了。"

"你给它们喝什么了？"

"冷水。"

"唉，你应该给它们喝热水！"

两天之后，那犹太人又来说："拉比，现在我就剩下十只鸡了！"

"你给它们喝的水从哪儿弄来的？"

"从井里呀！"

"你应该给它们喝泉水！"

不久，这位犹太人又带来了最新消息："拉比，我的最后一只鸡也死了。"

"呀呀呀，"拉比叹息道，"这太可惜了。我还有许多很好的建议还没来得及向你提呢！"

可见，一味听别人的不一定正确。好为人师是许多人的通病，但却往往是瞎子领瞎子。不要急切下任何断言，宁可多听、多了解，答案其实就在说者的口中。

3.盲从就是丢失自我

盲从别人，就会失去了独立的自我，其结果，无异于减损自己存在的意义和价值，并对自己要做的事情无益。

有一个人带了一些鸡蛋在市场贩卖，他在一张纸上写道："新鲜鸡蛋在此销售。"

有一个人过来对他说："老兄，何必加'新鲜'两个字，难道你卖的鸡蛋不新鲜吗？"他一想有道理，就把"新鲜"两字涂掉了。

不久，又有一个人对他说："为什么要加'在此'呢？你不在这里卖，还会去哪儿卖?"他也觉得有道理，又把"在此"涂掉了。

一会儿，一个老太太过来对他说："'销售'两个字是多余的，不是卖的，难道会是送的吗?"他又把"销售"擦掉了。

这时来了一个人，对他说："你真是多此一举，大家一看就知道是鸡蛋，何必写上'鸡蛋'两个字呢?"

结果所有的字全都涂掉了，但是他所卖的鸡蛋，反而不如以前多。

爷孙骑驴、犹太人养鸡以及上面这则卖蛋的故事，都生动形象地向我们展示了一个道理：有时我们做事，不要受别人左右，否则会适得其反。《中庸》讲："合外内之道也，故时措之宜也。"可见，只要是符合内外一致的规律，就尽管甩开膀子干就是了。不然的话，就会畏首畏尾，人生将毫无起色。

识时务者为俊杰

孔子说："那些次于圣人的贤人，能推断探究到一部分事物的道理，由此也可以达到有诚心。有诚心，就会在外表上表现出来，表现出来就更易明确对与错，明确了是非对错就要去行动，一行动就会发生变化，一个人的改变就会使社会产生影响别人改变的教化。只有天下至诚的圣人才能达到这种'化'的境界。"

——《中庸·致曲章》

《中庸》这段话中，有一个核心的字，叫作"化"。化，就是因时而中；化，就是善于判断环境，趋利避害。用我们常用的一句话讲，叫作识时务者为俊杰。

《孙子兵法·虚实篇》讲："兵无常势，水无常形。能因敌变化而取胜者，谓之神。"这就是说，不仅用兵应随着敌情的变化而采取适宜的战法，就是办事情也要因时因地制宜，切不可死搬教条，硬套框框，不同性质的矛盾，应当用不同的方法来解决。

1.机智才能从容应变

随机应变，是一种机智。只有机智的人，才能在千变万化的形势中，应付自如，化险为夷。

著名的晏子名晏婴，字仲，是春秋时期齐国人，历事灵公、庄公、景公三朝。他虽身材矮小，其貌不扬，但思维敏捷，才智过人。有一次，他奉命出使楚国，楚王见晏婴个头太矮，就戏弄他说："堂堂齐国为何派个矮子来访问我们国家，看来齐国是没有更好的人了。"晏婴严肃地回答说："我们齐国派使者出访有个规矩，那就是：有贤才的人出使上等国，不才的人出使下等国；大人出使大国，小人出使小国。我晏婴是小人，又最不才，所以让我出使楚国。"楚王很尴尬，只好自我解嘲说："我本来要戏弄他，反而被他耍笑了。"于是不敢轻视晏婴，改换态度，对晏婴以礼相待。

晏子使楚，大家都很熟悉，楚王在这件事上，没有注意到中庸学上"以诚而化"的这一道理，结果却被晏子戏弄。中庸学倡导礼贤下士，广招天下贤才。可楚王不懂这一点，居然还戏弄聪明绝顶的晏子，自然是捞不到一点好处的。

2.急流勇退与激流勇进

进退之间，最难抉择。由于形势的变化，也许原来一直求"进"并已得益于"进"的你，这时反而应当求"退"了，否则将大祸临头，反受其害。这方面的例子固然很多，但范蠡与文种的故事最能给人们启迪。

越灭吴以后，在贺台之上大摆宴席，招待各位臣下。宴席间，群情甚是欢洽。实现了灭吴复国的大计，本来是件值得高兴的事，但越王勾践却神态反常，面无喜色。范蠡私下感叹道："大王不想归功臣下，这就打开了怀疑猜忌的大门，有功之臣又该倒霉了。大王的为人，可以和他共患难，而不可以共享安乐呀！"次日，范蠡入见越王，要求辞行，说："我听说过，君主受了屈辱，臣子也就不能苟且偷生。过去，大王在会稽被吴王夫差打败，做了俘虏，蒙受莫大的耻辱，我之所以未能死节的原因，是想忍辱负重，帮助大王完成复国安民的大业。如今，吴国已经灭了，我请求大王能开恩赦免臣子在会稽犯下的死罪，留下一条生路，让我归老于江湖之间，以了却残年。"勾践好言相劝，再三挽留也不成。第二天召见范蠡，范蠡已不辞而去了。后来，范蠡经商，致富后就周济亲朋，曾三致千金。历史上称他为"陶朱公"。

范蠡不辞而别，大夫文种觉得事情不妙，也抱病不朝。有一个和文种心怀芥蒂的家伙，以为时机已到，在越王勾践面前诬陷说："文种自以为有功未得封赏，就心怀不满，怨恨大王，因此借故不朝。"

越王也一向知道，文种的智谋才干远在众人之上。灭吴后，没有派上用场，大有英雄无用武之地之慨。唯恐有朝一日闹起乱子来，没有办法制服他，所以早就想拔掉这颗钉子，却又苦于找不到合适的借口。

这次，越王借着探病的名义，亲自造访文种的住处。进屋以后，先解下佩剑然后才落座。看了一眼文种，说："爱国的仁人志士不忧虑个人的身家性命，所忧虑的是自己的理想抱负不能实现。您有七套办法，我才用了其中的三套，就足可以灭吴国而使我又登上了越王的宝座。如今还剩下的那四套办法想用到什么地方呢？您愿意为我谋算已埋入地下的吴的先人吗？"说完，也不等文种答话，就乘车离去，有意将宝剑遗留在座位的旁边。

文种取过长剑一看，剑名叫"属镂"，即是吴王夫差赐给伍子胥自杀的那一把。文种哀叹道："古人云：'大功大德往往得不到好报。'我后悔当初不听范蠡大夫的话，以致落到今天的下场。"接着又大笑着说："百世以后，有论古人优劣的学者，一定拿我和吴国敢于冒死直谏的忠臣烈子伍子胥相提并论。这是我的光荣，死了又有何恨？"说完就用剑自杀了。

文种之死，令人惋惜。然细思品味，读者不难看出，处于这样一种艰险的环境中，只知进，不知退，其命运必然是悲惨的。

3.择主而事与释人之疑

"择主而事"，是因时而变的另一个行事法宝，它虽和释他人之疑并不直接关联，但发生在陈平身上就属于中庸学"见机行事"的学问范畴了。

秦末楚汉相争，项羽手下兵多将广，谋士众多。但项羽是一介武夫，只知斗力，不知斗智，聪明的人都看出他终究不是刘邦的对手，所以都跑去投奔刘邦。谋士陈平早有背项投刘之意，只是没得到机会。这一次，机会终于来了，项刘两军又在黄河两岸对峙，渡过河去，就是刘邦大营了。陈平趁此机会，背了随身衣服溜出项羽大营，穿小路来到黄河边，在一僻静处寻到一条小船，求艄夫把他渡过河去，讲定银两，艄夫便答应了。

下了船，撑进河中，艄夫向对岸划去，却不时用眼睛打量陈平。

陈平是机灵之人，不久就明白了艄夫想干什么。原来陈平为逃出项营，换上了昔日的绸缎衣服，又随身背了个包袱，看来艄夫是把他当成富商，想谋他钱财了。其实，陈平为了逃跑轻快，并没带多少银钱。陈平暗想，若在旱地上，别说一个艄夫，就是这么十个八个，也不是自己对手。但现在是在湍急的黄河上面，自己虽然会点水，但比起艄夫来那肯定差得远，若他动起手来，说不定自己会丢了性命。怎么办呢？陈平想，艄夫谋的不是自己的性命，而是自己的钱财，让他明白自己没带多少钱，他是肯定不会动手的。但此事又不好明说，怎么办呢？陈平灵机一动，自己何不来个自亮底细。

想到这里，陈平解开包袱，把带着的衣服一件件抖开。那艄夫果然把眼睛盯在包袱上。抖完衣服，陈平把那仅带的几两碎银子放在包袱边，取过一件短衣，脱下身上衣服，艄夫果然又盯着陈平身上，看带钱没有。脱得精光，让艄夫看清之后，陈平慢慢换上短衣，拿了条竹竿，帮艄夫撑起船来，并表现出蛮内行的样子。

艄夫原想到河心动手，打陈平下船，然后抢包袱内的银钱。等看明白了包袱中无甚钱财，客人身上也没带钱时，艄夫早已变了主意。等看到陈平也会习水驾船，艄夫更不敢妄动了，平安地把陈平撑到对岸。陈平付了船钱，奔刘邦大营去了。

陈平看透了艄夫的谋钱企图，审时度势地向艄夫表示出自己并不像他想象的那样带了许多钱，打消了艄夫谋财害命的企图，得以平安脱身。

所谓审时度势，就是审察时机，忖度形势。这是基于对客观形势的准确判断而采取及时恰当处置方法的一种才能。它既包括对形势的客观分析与正确判断，又包括主观上恰当地把握时机，驾驭机遇，作出正确处置的能力。中庸学强调的就是这种审时辨机的智慧，以及把握时机、驾驭机遇、作出决断的魄力和应变力。善于审时度势，是古往今来高明人士的共同特征。

世事是千变万化的，任何人也没有能应付一切变化的神机妙算。但有一条是可以办到的，那就是应时而动，顺时而变，迅速扭转被动局面，使事态尽可能地朝着有利的方向发展。

没有机会，就创造出一个来

1.掌握主动出击的关键时刻

对于很多求人办事的人来说，最大的苦恼在于找不到一个恰当的机会。其实，机会不是仅仅靠等待就能得来的，它也要靠有心人去主动创造，同时，机会一旦出现就要牢牢抓住，没有抓住的永远都不能叫作机会。

秦国宰相范雎受到秦昭襄王的充分信任，在内政和外交上为秦国做出了很大贡献，使秦国在当时建立了霸主地位。他的权势不仅在秦国国内，而且对其他诸侯也有很大影响力。

但是，在他为相的后几年，出现了令范雎"惧而不知所措"的事情。事情发生在他为相的第七年，由他所推荐而被提拔为将军的郑安平，在和赵国的一次征战中苦战不敌，率兵投降。过了两年，他所推荐的河东太守王稽，又因私通诸侯被诛。按照秦国当时的法律，投降和私通外邦都是重罪，而推荐者也须连坐，就是说推荐者和犯罪者一样，也得被杀头。只是由于他深受昭襄王信任，才被豁免。

相继发生的这两件事，使得范雎心里感到恐惧和不安。

这一消息很快传开了，那些早已虎视眈眈等候时机的各国说客们见此良机莫不大感兴奋。

燕国有一位名叫蔡泽的说客听到这一消息认为机不可失，于是立即动身前往秦国。一到秦国，他便托人介绍，晋见范雎。

游说的人以及被游说的人都是说客出身。蔡泽现在的情形和15年前范雎的经历大同小异，这使得范雎不禁产生了一种沧桑之感。他苦笑着接见了蔡泽。

蔡泽说道："逸书上有记载：'成功者不可久处。'你该趁这个时机辞去相位才算聪明，这样人们才会赞誉你的清廉如同赞誉伯夷，同时你也才能够保持长寿如同亦松子（相传为神农时雨师）。如果你只知晋升不知隐退，只知伸不知屈，只知往不知退，必然会带给自己灾祸。这个比喻，请您三思。"

范雎答应着说："善。吾闻'欲而不知止，则失其所欲；有而不知止，则失其所有。'先生幸教，雎敬受命。"

几天之后，范雎进朝，推荐蔡泽，自求隐退。昭襄王挽留他，但范雎辞意坚定，并假托重病在身，最后终获应允。

蔡泽主动出击，成功地抓住机会求人推荐自己，最后获得了宰相之职，踏上仕途。

求人时等待时机的来临需要有充分的耐心。在这个过程中，必须经过积极的准备，等待条件的成熟，而且等待时机绝不等于坐视不动。

但是，时机来临后仍然消极无为，这种人是愚蠢的人，也是最可悲的人。

机遇伴随时间而来，也伴随时间而去，它和时间一样是来去匆匆的。如果你不牢牢地将其抓住，那么，它将和时间一起从你的指间滑落，留给你的将只是怅惘和遗憾。因此，求人时只有那些能看准时机，并主动去把握时机的人才能成为幸运的成功者。

2.请将不如激将

遇到正面恳求难以达成目的的情况，就不妨从反方向上努力，采取激将法。

在求人办事时，求人办事者为了让对方动摇或改变原来的立场和态度，会利用一些略带贬损意义的、不太公正的话给对方罩上一顶"帽子"，而对方一旦被罩上这顶帽子，就会激起一种极力维护自我良好形象的欲望，从而用语言或行动表示自己不是这样，自动地去改变原来的立场和态度。

诸葛亮就是运用激将法的大师。

汉献帝十三年（公元208年），曹操率大军攻打江南。刘备为了避免灭顶之灾，派孔明去东吴游说，试图说服东吴联合抗曹。

当时掌握吴国兵马大权的是周瑜。孔明知道要想说服孙权，必先说服周瑜。但是，孔明并不了解周瑜的个性与为人，也不了解周瑜抵抗曹军的态度，于是决定透过鲁肃探寻一番。

这一天，孔明在鲁肃的陪同下去见周瑜。周瑜听完鲁肃的军情报告后，顺口说了句："应该向曹操投降。"周瑜之所以这样说，是想看看孔明的反应，摸清孔明的意图。

孔明听了微微一笑，说："将军所言极是!"之后，他又装作很诧异的样子，说："主战派的鲁肃将军，竟然不理解天下大势。"

孔明继续说："吴国有一种可不受任何损失的投降方式，那就是把大乔、小乔两名美女献给曹操，这样曹操的百万大军就会无条件撤退。"接着，就高声朗诵起《铜雀台赋》中的一段来：

"从明后以嬉游兮，登层台以娱情；见太府之广开兮，观圣德之所营；建高门之嵯峨兮，浮双关乎太清……"

诵完后，孔明继续说："此赋是曹植所作，当曹操在漳河之畔兴建豪华的铜雀台时，曹植特作赋来赞美，赋的意思是说：'当大王即位之后，在江河畔景盛之地建金殿玉楼，极尽庭园之美，藏江东名媛大乔、小乔于此为荣。'就吴国而言，牺牲大乔、小乔这两个美女，等于是从大树上落下两片树叶而已。所以，不如把大乔、小乔送往曹营。如此一来问题便可顺利解决，根本不必再让将军劳神。"

周瑜一听孔明此语，勃然大怒，将酒杯掷向地上，厉声骂道："曹操之老贼未免欺人太甚！"

原来所谓"二乔"是江南两大美女。大乔是孙策的遗孀，小乔是周瑜的夫人。孔明明知道却故意这样说刺激对方。经孔明的这一连串的圈套，将周瑜抗曹的本意激了出来。于是孔明趁热打铁，详细分析形势，更加坚定了周瑜抗曹的决心。

后来孔明见到吴主孙权的时候，又再一次使出了激将法，孔明深知吴国大臣当中主张降曹的大有人在，吴主孙权的态度仍在两者之间。因此，他出人意料地一见孙权就劝他投降。孙权也是非常高傲的人，他反问道："你的主公刘备因何不降呢？"孔明不慌不忙地说道："孙将军降曹可以保全自己的荣华富贵。我的主公刘备没有孙将军这么大的基业可以贪恋，更何况他是汉室宗亲的后代，与曹操有不共戴天的仇恨。他是宁死也不会投降的。"孔明的一番话彻底激起了孙权的自尊心，巧妙达到了请求东吴联合抗曹的目的。

激将法的妙处就在于，它可以让你请求的对象在瞬间情绪失控，答应下他在冷静的时候难以答应的事情。

但是激将法也不能滥用，要讲求一定的技巧。

上文说过，公元208年，刘备被曹操打得落花流水，逃至樊口，势单力孤，如果继续与曹军对抗完全没有前途可言，除了与盘踞江东的孙权联手以外已别无他计。

刘备身边能胜此任的唯有诸葛孔明，他自荐过江，求吴国出兵抗曹，后来终于说动孙权，成功地完成了联吴拒曹的使命，以至形成后来的三国鼎立之势。

这么重大的使命，若交付一位平庸的使者，一定照实陈情，敌方势力强大，我方危在旦夕，请主公出兵相援不胜感激，云云。

那么，诸葛亮是怎样打动孙权的呢？诸葛亮见到孙权先说了这样一番话："如今天下大乱，将军在江东举兵，刘备在江南集结，目的都是与曹操争夺天下。眼下曹军势如破竹，威震天下，空有英雄气概对他是无用的。加上刘备之军渐渐败退，将军您宜早做应对，好生斟酌才对。如果贵国的军力能够与曹操对抗，就即刻与他断交；如果无力与其对抗，那干脆就迅速解除武装、俯首投降算了。可依我看来，将军似乎在表面上要服从曹操，其实内心里很是犹豫不决。目前形势已很急迫，没有多少时间让您犹豫了，希望您马上定下主意，否则后果不堪设想。"

孙权愣了一下，反问道："照你说的形势如此严峻，那刘备怎么不赶快投靠曹操呢？"

孔明回答说："君差矣。齐国壮士田横您该知道，他在道义上不能投靠汉高祖，宁可自己结束自己的生命。而刘备是汉室后裔，具有英雄资质，目前虽然困顿，仍有八方壮士慕其英名，源源而来投奔。起兵抗曹，天之所命，至于事成与不成，只有靠天命决定。岂可向曹贼投降呢？"

孙权听后大叫一声："我拥有吴国十万大军，承父兄之业，更岂可轻易言降？"此时的孙权是一个26岁的青年君主，血气方刚，自尊心强得很。孔明就是利用孙权的这个特点，或者叫作弱点，用言语刺激孙权的自尊心，使他的意志按照自己所期待的方向转化。

孙权虽然大叫不降，其实内心也很不踏实，又向孔明问道："现在这种情况，除了刘备之外再找不到能与曹操作战的军队，可刘备最近连吃败仗，不知是否有军力与其再战？"这些是孙权所真正担心的事情，他也知道光凭东吴自己的力量敌不过曹军。

孔明早有准备，冷静地分析形势给孙权听，以打消他的不安。孔明说："刘备确实吃了败仗，但现在军力不少于一万，而曹操之军虽众，但长途远征疲惫不堪。这一次为了追击我们，曹军的轻骑兵一昼夜竟跑了三百里，这好像古人说的，'再有力的弓箭若射的距离过远，就连一张薄的布也无法穿过'。再者，曹军不惯水战，我方占有地利；荆州之民虽然表面上服从曹操，内心却是时时准备反抗。如果将军集精兵猛将与刘备之军配合，联手作战，一定会击败曹军。天时地利俱在，剩下的只看将军您的决断能力了。"

孔明这一番分析，指出强敌之短处，强调刘、吴潜在之长处，最后把事情成败的关键又推给了孙权自己，可谓步步高棋，招招妙算，使原本主意不定的孙权决定联军抗曹，以致后来发生了三国时期最大的决战——"赤壁之战"。

诸葛亮采用"激将法"，既达到了求人的目的，自己又没损失什么，实在是妙不可言。他的这种"激"，确切地说，就是从道义的角度去激对方，让对方感到不再是愿不愿意去干，而是应该、必须去干。以义激之的方法在我们国家颇为有效，因为中国传统道德文化中有一个重要的方面就是重视人的品德修养，讲求道义、气节。对于义，每个人都有自己的衡量标准，在每个人的心中都有一面旗竖在属于做人道德的领地。激之以道义，恰恰就是去触及对方的内心深处，让他认为对方"求助"的实质是道义的行为。

义，是一种促进力、凝聚力，它能让每一个具有基本道德的人主动担负起某些责任与义务。这也就是为什么当有些人面临困境，通过报刊、电视、网络等媒体发出呼救时，会有许许多多素不相识的人伸出援助之手，献出一份爱心。这是从道义上激励了每一个人，因而才得到了无数的支持与帮助。

3.套交情，展现亲和力

对关系愈亲密的人愈容易敞开心房。

求人有时会使双方有一种距离感，这会让谈话难以融洽地进行。这时你就可以通过一些让两人关系更亲密的技巧，使彼此之间的距离缩短。

日本前首相中曾根康弘，某次赴美与里根总统会谈时互以昵称代替客套的称谓，两人在亲密友好的气氛中进行会谈，此事一时成为外交界流传的佳话。能够以昵称或名字互称，必须要有相当亲密的关系，否则是很难说出口的。一般来说，对初见面的人我们不会以昵称或名字来称呼，必然会附上先生、教授、老师等，待相处久后才会以对方的名字来相称。

从心理学的观点看也是如此，当两人心理上的距离越来越靠近时，他们的称呼法也从头衔到姓、到名。也有些人虽然见面不久不算亲密，但极欲亲近对方，这时也不妨以名字或昵称来称呼。

一位教师讲述他自己经历的事："某次有位从前我教过的学生来要求我帮他做媒，当时我便问他何以两人的关系发展如此快速。他回答说：'某次我与她见面时，她突然直接喊我的名字，使我顿时感到与她的关系是如此的亲近。'而在此之前他们两个只以姓氏互称而已，可见称呼对两人心理上的距离有很大的影响。"

日本前首相佐藤荣作出身官僚家庭，因此很难与一般民众接近。他始终都在设法让自己更有亲和力，因此他时常对人说："我很喜欢人们叫我阿荣。"这样的称呼就像是好朋友间的绰号、昵称，一下子就拉近了佐藤首相与民众的距离。

因此，求人时如果一时难以接近，不妨利用称呼的方式拉近你们的距离，而且口吻必须自然，不可让对方感觉你是在装腔作势。两人的距离若是因此而接近，那么事情就很容易解决了。

4.想要求谁，就要学会模仿谁

物以类聚，人以群分，人们总是对与自己相似的人感到亲近，而对陌生的人感到疏远。

日本有个推销大王名叫山田久二。他推销的秘诀就是说话看对象，见什么人说什么话，积极求同。他不仅模仿对方的口音、言谈、身体姿态，还依据对方的爱好、职业等特点来打扮自己，使对方感到特别亲近可靠。有人对他的做法很不以为然，批评他是"逢场作戏"。他则说："我不是做戏，是为了向对方表明我是和他们同类的人——人们需要这样。"

"逢场作戏""投其所好"通常都被视为贬义词，这当然是因为有的人是出于自私的、不可告人的目的才这样做，如果是为了与人交际、求人成事而积极求同，大可基于光明正大的心理去"逢场作戏""投其所好"，这也确实是与人交往和求人成事的一大学问。帕特里夏·穆尔的故事也是这样的。

穆尔是个年轻女性，她攻读硕士学位的时候就潜心研究老人的需求，她很快发现许多老年人不愿谈及自己生活中遇到的困难。每当与老年人交谈，她得到的答复都是："我很好，亲爱的，不用为我担心。"她知道，他们是害怕如果人们知道他们不能自己吃饭、洗澡的话，他们就会被送进养老院。

穆尔正愁无法接近这些老年人时，在一次聚会上，她偶然与一位化妆师交谈，忽然有了主意：把自己扮成老妇！于是，她装扮成一个面容衰老、行动迟缓、耳目失灵的老太太。为了真正了解老年人的实际情况和需要，她不辞辛苦地花了一两年的时间，走访了116个城市，接触了无数位老人，几乎所有的老人都能坦率地对她谈论生活中遇到的大大小小的困难——她终于达到了目的。

我们一般求人成事用不着像穆尔扮老妇那般煞费苦心，但是需要这种积极求同的态度，如此，常常是两三句话就会消除陌生感，寻求到交流的共同点。

5.把真正的愿望放在后面

神灯给的三个愿望，只有最后那一个最中用。

求人时，面对疑惑不定的对方，用可供对方选择的方式来提问，并将希望他回答的答案放在后面，这是一种现实生活中经常运用而且比较有效的技巧。

例如一位学生既想外出度假，又担心失去补习功课的机会，他在二者之间十分犹豫。作为他的老师，如果希望他补习功课，可又不好直接干涉，那么就可采用"期望后置"的战术，把希望学生做的决定放在后面来说："你是外出度假呢，还是先补习功课呢？"

如果我们替别人买了一件小东西，可回来后又不想再出门送至朋友家，那么我们就可以采用"期望后置"求人法让朋友自己来取："是我送过去呢，还是你来我这里拿比较方便呢？"

我们在求人时常会遇上二者选择其一的情况，若是你想让对方选择自己所期待的，问话时最好是将它置于后面。例如在商店中，当一位客人买了许多东西正要回去时，你便问他说："是要我帮你送过去呢？还是你自己带回去呢？"

大多数的客人听了都会说："还是我自己来好了。"

如此不但表达了你对他的关怀之意，同时又替自己省去了许多的时间和劳力。

如果你想对一名不速之客下逐客令时，不妨对他说："今天是要喝一杯呢？还是下次再来？"

客人听你这么一说，大多会说："下次再来好了。"

期望后置就是利用人们对结果习惯性的决定而发展的说服术。在求人时不妨在对方陷入要或不要的纠结时，把你希望他做的决定放在后面说；就像许多许愿的故事一样，最后的愿望往往是许愿的人最需要的。

把"烫手的山芋"变为礼物送给别人

有时候，自己手里的"烫手山芋"只要稍微包装一下，还有可能会变成一份顺水人情，让下一个接到它的人感激不尽呢。

有一次，苏联领导人赫鲁晓夫率代表团到南斯拉夫参观访问，随行的有苏联政府部长会议副主席米高扬等苏联代表团成员以及一大群各国记者。一行人乘汽车在公路上行驶着，突然意外的事情发生了：赫鲁晓夫乘坐的那辆汽车的一个轮胎爆胎了，汽车顿时停了下来。主宾的车瘫痪，前后所有的汽车或堵或停，都横在路边。

在如此重大的国事活动中出了这样的事，可谓是爆炸性新闻。记者们兴奋地抓住这个消息，都准备尽快发出去；南斯拉夫总统铁托派来的随行人员见此情景急得满头大汗，因为汽车是东道国特意为赫鲁晓夫准备的。他们急忙七手八脚抢修汽车，一行人都站在路边，等着汽车修好。苏联国家元首和各国众多记者静静地等待着，这使南斯拉夫主人更加难堪。

赫鲁晓夫站在一旁，心里非常清楚，如果就这样等着，再让记者们把这件事报道出去，不但会使主人铁托和南斯拉夫政府极为难堪，而且自己也觉得尴尬。于是，他灵机一动，转过身去，笑嘻嘻地向一旁的米高扬挑战，问米高扬敢不敢在路边和自己比赛摔跤。总书记叫阵，米高扬欣然而从。顿时，两人就在路边众目睽睽之下较起劲来。两人各显绝技，拼力角逐，摔得不可开交。世界闻名的苏联领导人在马路上像普通人一样摔跤较劲，这可是闻所未闻的事。

人们的注意力一下子被吸引过来。记者们一拥而上争相抢拍镜头。南斯拉夫的工作人员乘机从容迅速地修好了汽车；一行人顺利上路，访问也没怎么耽误。

第二天，各国新闻记者向外发出了一系列描述两位共产党领导人"重量级运动员"在路边进行体育比赛的消息。而那件令人难堪的汽车爆胎事件，早被记者们忽略，没有在报纸上出现。

发生难堪的事是难免的，但不能怨天尤人，那样没用，反正事情已经发生了，怎么样都于事无补，何不卖个顺水人情。这种事，美国前总统尼克松也做得非常到位。

1972年，尼克松总统访问苏联。有一次在苏联机场，飞机正准备起飞，一个引擎却突然失灵。当时送行的苏共中央总书记勃列日涅夫十分着急、恼火，因为在外国政界要人面前发生这种事是很丢面子的。因此他指着一旁站立的民航局局长问尼克松总统："我应该怎么处分他？"这等于说是给尼克松出一道不大不小的难题，如果尼克松答得不妙，苏联人也可能借机让尼克松出点丑。"提升他，"尼克松很轻松地说，"因为在地面上发生故障总比在空中发生故障好。"尼克松的话一出，大家都笑了。巧妙得体的回答既保全了面子，又消除了尴尬。

如果把自己手里的热山芋硬塞给别人，多半会引起对方的不满。不过，只要稍微改变一下策略把这热山芋包装成一份小礼物，那么得到它的人不但不会埋怨你，还会大大赞赏你慷慨大方呢，这样的事，何乐而不为呢？

根据对方实力的强弱采取相应的对策

丛林里的生态圈似乎是天定的，强与弱，谁都不可能去改变；但人类社会却不同，人类固然也有先天的强与弱以及后天的强与弱，但因为人类有智慧，可以通过学习及经验的累积，在人性丛林里巧妙地获得生存的机会，并进而为自己争取尽可能多的利益。

有一个做法是值得在人性丛林里进出行走时参考的，那就是——遇强则弱，遇弱则强！

人不太容易去改变自己条件的强或弱，但却可以以示强或示弱的方式，为自己争取有利的位置。

"遇强则示弱"的意思是：如果你碰到的是个有实力的强者，而且他的实力明显高于你，那么你不必为了面子或意气而与他争强，因为一旦硬碰硬，固然也有可能摧折对方，但毁了自己的可能性更高，因此不妨示弱，好化解对方的戒心。

以强欺弱，胜之不武，大部分的强者是不做的。但也有一些富有侵略性的"强者"有欺负"弱者"的习惯，因此示弱也有让对方摸不清你虚实、降低对方攻击有效性的作用，一旦他攻击失效，他便有可能收手，而你便获得了生存的空间，并反转两者态势，使他再也不敢随便动你。

至于要不要反击，你要慎重考虑。因为反击时你很可能也会有损伤，这个利害是要加以评估的；何况还不一定击败对方，即使两败俱伤也是得不偿失的。

"遇弱则示强"的意思是：如果你碰到的是实力比你弱的对手，那么就要显露你比他"强"的一面，这并不是为了让他顺从你，或满足自己的虚荣心或优越感，而是弱者普遍有一种心态，不甘愿一直做弱者，因此他会在周围寻找对手，好证明他也是一个"强者"，你若在弱者面前也示弱，正好给了对方机会，徒增不必要的麻烦与损失。

示强则可使弱者望而生畏，知难而退。所以，这里的示强是防卫性的，而不是侵略性的，侵略必会给你带来损失，若判断错误，碰上一个"遇强示弱"的对手，那你不是很惨吗？

人性丛林里没有绝对的强与弱，只有相对的强与弱，也没有永远的强与弱，只有一时的强与弱。因此强者与弱者，最好维持一种平衡、均势，国与国之间不易做到此点，但人与人之间却不难做到，只要你愿意，不论你是弱者还是强者，"遇强示弱，遇弱示强"只是其中一个方法罢了。

为自己塑造最不易受欺侮的形象

吃柿子拣软的捏，生活中一些蛮横霸道的恶人之所以能得意一时，就是因为社会上老实人太多。他们作威作福、发火撒气往往找那些软弱善良者，因为他们清楚，这样做并不会招致什么值得忧虑的后果。在我们身边的环境里，到处都有这样的受气者，他们看起来软弱可欺，最终也必然为人所欺。一个人表面上的软弱，事实上却助长和纵容了别人侵犯你的欲望。

人是应该有一点锋芒的，虽然不必像刺猬那样全副武装，浑身带刺，至少也要让那些凶猛的动物们感到无从下口，得不偿失。

在生活中，有人喜欢选择做好人，但同样有人喜欢做"恶人"。做好人有利也有弊，做"恶人"同样也有对自己好和不好的地方。

做"恶人"，对自己本身会有什么好处呢？

第一，"恶人"虽然令人讨厌，但却胜在有威势。由于许多人都是非驱策不可的，一般而言，如果一个主管"偏恶"，会远比他"偏善"更能令下属为他效力办事。不讲人情的主管当然不受下属爱戴，但却更能令下属不敢造次。这是做"恶人"的第一个好处。

第二，许多人不喜应酬，只想静静地办事，那么"恶人"的形象便会产生适当的阻吓作用，令你的应酬减到最低限度，赚得清静。

第三，好人倾向于对人堆笑脸，以至巴结逢迎，"恶人"板着脸做人反而塑造出一个严肃、令人肃然起敬的形象来。

从上面三点考虑，可以预见许多"恶人"尽管本不恶，但基于需要，得装出"恶人"的形象来办事。这正是"做人要狠一点"理论所主张的处世方式。

只要做"恶人"的好处盖过做"恶人"的坏处，做"恶人"便合算。

做"恶人"的不好之处一般是犯众怒、少朋友。当然，如果你选择了一个"在一般人心目中的恶的形象"，自己需要别人帮助时便不免会难得多。

每个人都有他自己不同的或好或恶、好恶程度不一的形象。一个恶人的"恶"，可能是他的真性，也可能只是个假象，和好人的"好"完全一样。

不过，装"恶人"远比装好人难。"恶人"无论是真恶人还是假恶人，首先要有一个"恶"的表象。

在生活中，树立一个不好惹的形象，是确保自己不受欺侮的一条很重要的处世技巧。这一形象在时刻提醒别人：招惹我是要承担后果并付出代价的。

在社会中生存，事实上，只要你显示出你是一个不受欺侮的人，你就能够做到不受气。也许你不必处处睚眦必报，只要你能抓住一两件事，大做文章，让冒犯者尝到你的厉害，你就立刻能收到一种"杀鸡给猴看"的效果，起到某种普遍性的威胁作用。这就好像是原子弹的发明，除了在"二战"中牛刀小试外，没有在战后的任何一次战争中使用过；但它的威力却是有目共睹的，只要你拥有了原子弹，你即使不去使用它，也会对别人产生震慑作用。

在生活中，什么样的形象最不易受欺侮呢？

(1) **泼辣的形象。**所谓的泼辣，便是敢说别人不好意思说出口的话，敢做别人不好意思表现的举动。谁敢让他受气，谁当面就会下不来台。他敢哭敢闹、敢拼敢骂，口才好，又敢揭老底儿，所以，很少有人敢引火烧他的身，自讨没趣。

(2) **爱玩儿命的形象。**其实，人类一切的弱点都可归结为一个"怕"字，而怕死便是人们的本能。而爱玩儿命的人，往往喜欢用武力解决问题，以玉石俱焚的态度来展现自己的意志，这种游戏自然是常人不敢玩也玩不起的。

(3) **有仇必报的形象。**人人都知道，仇恨是一种非常可怕的东西，而其最可怕的地方莫过于它的爆发没有时间的限制，令人防不胜防。睚眦必报的小人形象就是非常令人侧目的。而对正人君子来说，在大是大非问题上能够做到还以颜色也是非常必要的。

(4) **实力派形象。**塑造实力派形象就是要你在平时就注意展示你雄厚的实力，比如，令人羡慕的专业本领、广泛的人际关系网、神秘莫测的后台等，这些都会在周围的人群中造成一种印象，即你是一个能量巨大的人。不发威则已，一旦发威，则后果难当。所以，人们一般不敢招惹这类人物，持有这种形象的人也很少受气。

总而言之，树立一个不好惹、不受气的形象是很重要的，有了这一形象，就好比是种下了一棵大树，从此，你便可以在树荫下纳凉了。

对人不要有偏见

人，对自己所敬畏的人，对自己所哀怜的人，对自己认为散漫和怠惰的人，必然会产生不同的情感，不免产生种种偏见。所以要想处理好纷繁复杂的社会关系，必须提高自己的道德修养，无偏见，别善恶，出以公心，一视同仁。

1.疑人偷斧与智子疑邻

偏见是人的毒瘤，是事业成功的障碍。偏见会带来偏爱和偏恨。俗语说："情人眼里出西施，情敌口里变东施。"就是偏见所致。《列子》记载了一则《疑人偷斧》的寓言：有一个人丢了斧头，便怀疑是邻家的儿子偷了，看他走路的姿势、面部的表情、说话的态度、行动的样子，都像是偷斧头的人。后来这个人在水沟里找到斧头，再看邻家的儿子，就一点也没有偷斧头的样子了。这就是偏见带来的认识上的差错。

韩非子还讲过一则寓言《智子疑邻》，说的也是偏见。说的是宋国有一富人，大雨把他家的墙浇塌了。他的儿子说："把这被雨水浇坏的墙快筑起来吧！否则，将会失盗。"这个富人的邻居，也同样这样告诉他。到了这天夜里，他家果然丢失了不少东西。而后来这个人高度赞扬自己的儿子聪明，却怀疑邻居家偷了他家的东西。同样的忠告，当事人却采取了不同的态度。可见，由于偏见，常会疑心生暗鬼。要克服偏见，必须培养公正无私的美德。

2."心腹"的典故，告诫人不要强分亲疏

公正，就得有一颗公平的心，对人对事要从正理出发，一视同仁，不要强分远近善恶。

《水浒传》中的王伦是个失败的首领，而宋江在这方面就做得比他好。《水浒传》说，林冲要杀王伦，王伦见势头不好，口里叫道："我的心腹都在哪里？"他要把山寨里的人分为心腹与非心腹，这就证明他不能为全山寨的首领了。他既然把山寨里的人分为心腹与非心腹，他对待非心腹的人，当然不免要歧视，处理事情时肯定不能一碗水端平。所以林冲骂他，说："这梁山泊便是你的？你这嫉贤妒能的贼，不杀了要你何用？你也无大量大才，做不得山寨之主。"到这时候，王伦"虽有几个身边知心腹的人"，又有什么用处呢？宋江便不是如此。宋江无论见什么人，总叫那人觉得自己以他为心腹，看见人，也总先上去拉着手以示亲近。

金圣叹说："宋江一生，以携手为第一要务。"他能让全山寨的人都自认为是他的心腹，自然可稳坐山寨的第一把交椅。

"公则四通八达，私则一偏向隅。"《荀子·不苟篇》说："公生明，偏生暗。"有公心必有公道。公正无私，克服偏见，也就身修而后家齐国治了。

3. 向眼皮朝上者进言：善待"下层人"

肖萍下岗后，经熟人介绍，给一家啤酒厂搞直销。

第一天，她把十来箱啤酒装在人力三轮车上，蹬着车子一个商店一个商店地推销。然而，却被这些商店一一拒绝。因为这些商店都有自己的直销商，陌生人难以打进去。

于是，肖萍又一家挨一家地去酒店、饭店推销。可结果还是令人失望。

她通过认真调查，终于了解到，当地的"湖山大酒店"是月销啤酒量较大的一家星级酒店。

她虽没去过，不过听人说，这家酒店的老板脾气挺冲，一般的酒类推销商他根本不放在眼里，甚至有的推销商还没摸着他办公室的门，便被撵了出去。

她想，老板再可怕也是人，他能把你吃了不成？

这天，肖萍穿上一套银灰色西服套裙，显得温文尔雅、淳朴大方。

她蹬着车来到了"湖山大酒店"的大门口，先是客气地向两位保安问好，尔后，又微笑着向吧台的工作人员打招呼。

吧台工作人员也礼貌地接待了肖萍，当问肖萍需要什么服务时，肖萍说明了来意。

此时，肖萍自然得体的举止，甜甜的微笑，吸引了吧台边上一位中年男子的目光，他迎着肖萍走过来问："你是哪家啤酒厂的？"

肖萍说："天日啤酒厂的。"

"好，你推销的天日牌啤酒我要了，从今往后，我跟你签下每月500箱啤酒的合同。"原来，这位中年男子就是酒店老板。

肖萍简直不敢相信眼前的事实，当她望着面前的老板发愣时，他哈哈地笑了，说："我这里来了一批又一批的啤酒营销商，但你是第一个跟门外的保安和吧台工作人员热情打招呼的，那些营销商没有一个能像你这样尊重我手下的每一个人。"他还说他自己最恨那种眼皮往上抬的人。

他说，当初，他是下岗干部。在位时，好多人都围着他转。下岗了，有的平时"最好"的朋友，翻脸就不认他了，所以他对势利小人最厌恶。

人虽有贫富之别，但在自尊心上都是一样的。我们对于身边的人，一定不要存在偏见。否则，可能会为自己埋下祸根。

具备走钢丝绳与拿平衡木的本事

走钢丝绳，一定要掌握好平衡，处理好力量均衡的关系。不然，就会从钢丝绳上掉下来。

1.说说史厌的计策

"史厌的计策"，听起来名字怪怪的。"史厌"是一个人名，他的故事记载在《战国策》中：秦国有一次向周天子提出要借路去攻打韩国。周天子担心答应秦国这一要求后，会同韩国关系恶化；如果不答应秦国这一要求，会惹恼强大的秦国。正在周天子左右为难之际，有一名叫史厌的大臣给他出了个主意："您可以派使臣去对韩国说：'秦国敢于穿越周境来进攻韩国，是因为相信我们。韩国如果割让给我们一块土地，同时又派遣重要的使臣到楚国去求援，秦国必定犹豫不决，不信任我们了，这样就不会再进攻韩国。'然后，您再派使臣去对秦国说：'韩国一定要将土地送给我们，目的就是使秦国对我们产生怀疑，但我们又不敢不接受。'秦国没有理由要我们不接受土地。这样一来，我们既从韩国获得了土地，同时也依然与秦国保持友好的关系。"

周天子在强国的夹缝中求生存，史厌的计策确实绝妙，破解了不是得罪秦就是得罪韩这一难题，还得到了韩国送来的一片土地。史厌这种考虑两端的做法，实在是妙不可言。能在钢丝绳上跳出这种舞蹈的人，真可以说是行中庸之道的高手。

2.是非难断时要折中

春秋无义战，像这样的事例，在当时实在是太多了。楚怀王死时，楚太子在齐国为人质，现在要回国继承君位。齐王乘机要挟楚国献出东部五百里土地，方可放回太子。太子退下，向慎子求教。慎子说："先答应齐国的要求，余下的事以后再说。"

太子回国即了君位，这就是楚襄王。这时，齐国派人找上门来，向楚国索要先前答应的五百里土地。襄王很为难，又向慎子讨主意。慎子回答说："请召集群臣共同商量对策。"子良进来，说："过去答应了，现在不给，是不讲信用。应当先给，然后再攻取。给他，表明我们说话算数；攻打他，证明我们武力强大。"子良退出，昭常进来，说："楚国所以称为万乘（拥有万辆兵车的国家），是因为地盘广大。如今割去东部五百里地方，楚国就去了一半，有万乘之名而无万乘之实，这怎么可以呢？坚决不能给！我请求去为大王守土尽责。"昭常退出，景鲤进来，也说不同意给，并提请派人向秦国求救。

景鲤退出，慎子才进来。楚王把子良、昭常、景鲤三人的话转告给他，并且说："众说纷纭，我将何所适从？"慎子从容地说："谁的都听。"楚王立刻拉下脸来，说："这话是什么意思？"慎子说："臣请用事实验证他们的说法都是对的。"楚王看他诚心诚意，并不是在开玩笑。于是就委派子良到齐国去献地，又派遣昭常守卫所献之地，再让景鲤向秦求救。一切都按既定方针行事。

子良到了齐国，齐国派兵去楚东部接管地盘。昭常不给，说："我奉王命守土尽责，决心与国土共存亡。如果你们一定要得到这块土地，那么我将倾注所有的力量，上至六十岁的老人，下至三尺高的儿童，组成三十万大军，与齐军相周旋。"齐王责备子良耍花招。

子良说："楚王命令授予齐国土地，昭常不给，请大王攻打好了。"齐王果然大举兴兵，攻打楚国的东地。齐军正要跨过疆界，秦国出动五十万大军兵临齐国。齐王害怕后方有失，就收兵回齐，并派使者去秦国求和，齐国的兵患才得以解除，楚国的东地也就保住了。

这则事例说明在很多情况下，冲突的双方均各有道理，但又各执一词，很难明确地判明谁是谁非。走在这样的钢丝上，当事人该怎样拿好平衡木，显得极为重要。在这时候，折中协调、息事宁人是很好的解决办法。

3.不要害怕失败，是走钢丝者的心态

在夹缝中生存，犹如走钢丝，而据美国著名高空钢丝表演者瓦伦达的事迹而言，"心态"又决定了事情的成败。

瓦伦达是美国一个著名的高空钢索表演者，在一次重大的表演中，不幸失足身亡。

他的妻子在事故发生前曾听他说，这次太重要了，不能失败，绝不能失败。

而以前每次表演时，他只想着走钢索这件事本身，不去管这件事可能带来的一切后果。

后来人们就把专心致志于做事本身而不去管这件事的意义、不患得患失的心态叫作"瓦伦达心态"。

美国斯坦福大学的一项研究也表明，人大脑里的某一个图像会像实际情况那样刺激人的神经系统。

比如，当一个高尔夫球手击球前一再告诉自己"不要把球打到水里"时，他的大脑里往往就会出现"球掉进水里"的情景，这时球大多都会掉进水里。

当我们害怕失败之时，失败往往已经离我们不远了。做一件事，最重要的是过程，是无怨无悔的付出。我们越能保持一种平衡的心态，成功的彼岸就离我们越近。

4.由热到冷，"度"的界限

冷与热，这也需要一种平衡。"人生在世不称意，明朝散发弄扁舟""不如意事常八九"这是因为人的心气总是高于实际，越是年轻的时候越是高涨。

投入的热烈程度与获得的果实往往不一定成正比。你疯着哭着闹着夜以继日加班加点不吃不喝搞出来的东西、写出来的文字、作出的决策、提出的方案就一定好吗？多半还是心平气和地、冷静地、审慎地与按部就班地工作，成果更靠得住些。外国著名作家契诃夫有一句名言说："热得发冷了再动笔写。"这话就是告诉我们包括文学创作在内的世间许多事情都是要热得发冷了后再去做才能做好。

一个人的志向、热情、期待、经验、能力、信心、意志等有时是不均衡的。年轻的时候，热情高，志向大，期待殷切，然而经验不足，本事不足，信心不足，相对有些脆弱，就是说精神的承受力也不足。等一年一年过去了，对自己已经干出点门道的事情比较胸有成竹了，有点把握了，不怕某些挫折了，也就司空见惯了，没有多少激情，甚至也没有太多的新鲜感了，再让自己燃烧起来又谈何容易。

过犹不及。过于伟大或过于卑微，过于高明或过于愚蠢，过于奇特或过于陈旧的话语，都值得怀疑。

一般而言，各种观点和思维在这个社会上均有它们的地位，争论与冲突后的妥协将导致折中。而用这种调和折中的方式解决冲突对做好事情来说可谓一石二鸟。首先，既揭示了双方观点的偏颇之处，又没有打击对方的积极性。其次，使双方都看到了对方观点的合理之处和存在的合理性，消除了非打倒对方才痛快的情绪，造成一种各种个性竞相存在，生动活泼的局面。

学会与人相处

在美国，曾有人做过这样一个问卷调查："请查阅贵公司最近解雇的3名员工的资料，然后回答解雇的理由是什么。"结果是，无论什么地区，无论什么行业，60%以上的雇主都回答："他们是因为不会与别人相处而被解雇的。"

可见，交际对于每个人来说都很重要。丹尼尔的成功就是一个很好的例子。

丹尼尔是全州唯一的黑人眼科医生，在该州是相当有名望的人物。

这位具有相当吸引力的年轻人是如何建立自己的声望的呢？

他知道声望是无法单纯借报纸、广播等来提高的，于是，他便选择了为公众服务的方式。果然，这种方法使他深得人心，也使他的事业走上了康庄大道。

丹尼尔的事业从他21岁时开始。他的第一件工作就是整理出所有曾经交往过的朋友名单，同时加入该城的黑人团体。不久，他便当上了黑人协会领袖，并且连任两届。

他一度在黑人学校及业余剧团中十分活跃，还经常参加体育、宗教及其他各类联欢会。他抽空把到国外旅游时的所见所闻制作成幻灯片展示给大家看，这个举动使他与大家的心更贴近了。

他的生活忙碌而多彩，但他仍然能抽出时间扩大自己的交际范围。那么，他对于参与社交活动的看法又如何呢？他的说法是："能多参与社会性工作，被人们信赖的机会就较高，就随时有可能把自己推销出去。"

就是这样，丹尼尔在极短的时间内就得到了大众的尊敬与信赖，此后，他的生活更为丰富，工作也更加顺手。他极高的声望可以说是其不断扩大交际范围的结果。

不管你未来选择的道路如何，积极地参与社会活动都会给你带来一定的益处。

人际交往为人们提供了这样的可能，即让你结识他人，也让他人认识你，当了解了彼此的品行、才干、信息的时候，这种交往就可能结出两个甜美的果实：密切的友谊和获得发展的机遇。社会活动就是机遇的催产术，善于开发人脉资源，捕捉机遇，成功离我们就更近了。

现实生活中有这么一种人，他们像狮子一样，能力超群，才华横溢，自以为比任何人都强，连走路的时候眼睛都往上看。他们藐视人生规则，不把朋友的忠告当回事，甚至连上司的意见也置若罔闻，在以团队合作为主的人群里，他们几乎找不到一个可以合作的朋友。

独木难成林，再优秀的人，如果不能与团队合作，也很难取得成功。这是千古不变的至理名言。

美国航天工业巨子休斯公司的前总裁艾登·科林斯曾经评价史蒂夫说："我们就像小杂货店的店主，一年到头拼命干，才攒那么一点财富，而他几乎在一夜之间就赶上来了。"

史蒂夫22岁就开始创业，从一穷二白打天下，到拥有2亿多美元的财富，他仅仅用了4年时间。不能不说史蒂夫是一个创业天才。然而，史蒂夫却因为向来都独来独往，拒绝与人团结合作而吃尽了苦头。

他骄傲、粗暴，瞧不起手下的员工，像一个国王高高在上，他手下的员工都像躲避瘟疫一样躲避他，很多员工都不敢和他同乘一部电梯，因为他们害怕还没有出电梯就已经被史蒂夫炒鱿鱼了。

就连他亲自聘请的高级主管——优秀的经理人，原百事可乐公司饮料部总经理斯卡利都公然宣称："苹果公司如果有史蒂夫在，我就无法执行任务。"

出于两人水火不容的形势，董事会必须在他们之间做取舍。当然，他们选择的是善于团结员工、和员工拧成绳的斯卡利，而史蒂夫则被解除了全部的领导权，只保留董事长一职。

对于苹果公司而言，史蒂夫确实立下了汗马功劳，他是一个才华横溢的人，如果他能和员工们团结一心，相信苹果公司将会战无不胜。可是他却选择了孤立独行，这样他就成了公司发展的阻力，他越有才华，对公司的负面影响就越大。所以，即使是史蒂夫这样出类拔萃的优秀员工，如果没有团队精神，公司也只好忍痛舍弃。

随着企业规模的日益壮大，企业内部分工也越来越细。任何一个人，不管他有多么优秀，仅仅靠个体的力量来发展整个企业都是不可能的。而且，个人的力量是如此有限，如果事事都躬亲，那么一定会把自己弄得十分疲惫。在我国民间颇负盛名的诸葛孔明就是一个不善于利用他人力量的人，结果他几乎是累死了。"鞠躬尽瘁"的精神固然可嘉，但是，从结果看，他到底是失败了，导致失败的因素有很多，不善用人就是其中一个非常重要的原因。

不要忽视你遇到的任何人，因为在人生道路上，你并不知道前面有什么在等着你，你也不知道在向你伸出的手中哪一双有足够的力量支撑你。要学会带着慧眼去认人、识人，发现那些能够助你一臂之力的人。

米歇尔是一位青年演员，刚刚在电视上崭露头角。他英俊潇洒，很有天赋，演技也很好，开始时只扮演小配角，现在已成为主要演员。为了进一步提高知名度，他需要有人为他包装和宣传，因此他需要一个公共关系公司为他在各种报纸杂志上刊登他的照片和有关他的文章。不过，要建立这样的公司，米歇尔拿不出那么多钱来。

偶然的一次机会，他遇上了莉莎。莉莎曾经在纽约一家最大的公共关系公司工作过好多年，她不仅熟知业务，而且也有较好的人缘。几个月前，她自己开办了一家公关公司，并希望能够打入非常有利可图的公共娱乐领域。但是到目前为止，由于她名气不够大，一些比较出名的演员、歌手、夜总会的表演者都不相信她，不愿同她合作，她的生意主要还是靠一些小买卖维持。米歇尔却很看重莉莎的能力和人脉资源，不久，他们便签订了合同，莉莎成了米歇尔的代理人，并为他提供抛头露面所需要的经费。他们的合作达到了最佳效果。米歇尔是一名英俊的演员，并正在时下热播的电视剧中频繁出现，莉莎便让一些较有影响的报纸和杂志把眼睛盯在他身上。这样一来，她自己也出名了，并很快开始为一些有名望的人提供社交娱乐服务，他们付给她很高的报酬。米歇尔不仅不必为自己的知名度花大笔的钱，而且随着名声的增长，也使自己在业务活动中处于一种更有利的地位。

米歇尔发现了莉莎身上所蕴藏的不为别人知晓的财富，即使莉莎当时并没有显示出惊人的魄力。事实上，正是这个别人眼中的弱者满足了米歇尔的需要，为他带来了巨大的声誉和财富。

所以，不要轻视你所遇到的任何人，即使他目前正处于不利的境遇中，你也不要忽视他身上的潜能。

一个人是完不成大合唱的，必须借他人之力。想成大事者，最紧要的任务是学会如何打"借"字牌，从他人那里获得资源，凝聚力量，以成大事。

学会分享，实现共赢

在处世中，我们大多数人会认为，不是"你赢我输"，就是"我赢你输"。但如果我们学会与人分享，就能达到更好的处世效果，这就是共赢。

举个例子，你有一片肥沃的土地，可是种子劣质，农作物长势不好。而我有很好的大麦种子，可就是土地贫瘠，这样的话，农作物的长势同样不好，尽管我们都想比对方得到更多的市场回报，但是，如果我们只是相互嘲笑，彼此敌对的话，很难得到丰收的果实。相反，如果你的土地加上我的麦种，我们的合作必然会带来丰厚的回报。不仅如此，在合作过程中，我们还能体会到创造财富的乐趣以及相互合作所建立的友谊的快乐。不仅仅是种田这样简单的事情，对于整个世界的各个层面来讲，共赢带来的好处都是显而易见的。

共赢不仅仅体现在商业活动中，更体现在我们的日常生活中，比如与朋友、亲人间的相处，共赢的思维更使我们受益匪浅，要知道，像朋友的友谊、爱人的亲密关系等带来的令人愉悦的感受是多少金钱都买不来的。

1.别人的快乐就是你的快乐

俗话说："赠人玫瑰，手留余香。"当你施福于他人的时候，在他人感受到快乐的同时你也会感受到施予的乐趣，你给别人带来的快乐，必然也会让自己深受感染，享受更大的快乐。而这一点，正是心胸狭隘的自私者们所体会不到的，因为他们太看重自己了，以"自利"蔽心志，怎会体会得到分享的快乐乃是世界上最美好的感觉之一呢？

当你帮助别人之后，别人会对你心怀感激，即使你在帮助别人的时候并没有想从别人那里得到什么相应的回报，但是，就是这种无私的帮助常常能带给你意想不到的"好处"，你在给别人带来快乐的同时，自己也会感到前所未有的满足。这就是为什么要懂得帮助别人、懂得与人分享。相反，那些心胸狭隘的自私鬼，因为自私、贪婪，他们并不懂得分享的美好。

对家人自私，对朋友自私，对同事自私，对自己的东西格外"珍惜"，自私的人觉得只有自己的东西才是来之不易的，让他们付出哪怕一点点，他们都会觉得难以忍受，他们根本体会不到分享的快乐，人们从自私者的身上得到的只是不愉快的感觉。

2.现在吃小亏是为了将来不吃大亏

自私者总是把自己放在第一的位置，他们不会从对方的角度来考虑问题，更谈不上去尊重对方了，让自己吃亏，别人受益，对他们来说简直是天方夜谭。

对此，要说的是，你要学会吃亏，你要明白，在合作时吃一点亏，才会使你将来不会吃大亏。只有在合作的时候，能够为别人着想，为别人提供一些便利，别人才会愿意与你合作，这样你才能从别人那里得到帮助，你将来的成功才会有更大的胜算。

所以，牢记对方第一的原则，无论在家庭中，还是在事业上，这样的做法都会使自己受益。

3.把付出放在重要的位置

自私者最擅长打自己的小算盘，他们眼里看到的只是获取，付出对他们来说是一种沉重的负担。要知道，小算盘难以算大账，要想成功，你必须把付出放在重要的位置。

对待工作，在同样的岗位上，争取做更多的事情，把一些额外的工作当成自己的责任，这样领导才会给你更多的信任，也只有这样，你才有可能获得更多的经验和教训，而所有这些，对你的成功来说是必不可少的；对待朋友和家人，你要额外关照，要多花时间、精力在他们身上，你的付出会让他们感到很有安全感，而你也会感受到前所未有的愉悦，这不是很好的一件事情吗？

俗话说："宰相肚里能撑船。"我们从另一个方面说，正因为胸襟足够开阔，宰相才能成为宰相。只有心胸开阔，容得下世间万物，你才有可能经受住万般挫折；如果心胸狭窄，连一粒沙土都容不下，那你终究成不了什么大事。

在公司里，如果你能做到心胸开阔，学会分享和宽容，与同事同担苦、共享乐，那么，你们的团队势必团结一致，不仅在工作上更容易取得好成绩，就连你自己的生活也会因此而感受到无限的乐趣；否则的话，只能搞得自己身心疲惫，备受挫折，那么，你也就难免遭受痛苦的折磨。所以说，你要懂得付出，付出并不像你想象得那么痛苦。付出所带来的也不仅仅是利益的流失，它能为你赢得的将远远超乎你的想象。

努力去做一点利他的事情吧，只有做过了，你才能真正体会到这种乐趣，到时候，你就会自动自发地爱上这种行为。长久下来，你会变成一个心胸宽广的人，你的事业、你的家庭，乃至你的交际，都会在你人生的历程中绽放出美丽的光芒。

竞争中要有一点礼让的精神

作为一个在社会上打拼的人，你要时时刻刻记住：给别人也留一个机会，才能使自己有更多发展的机会。在双赢为主流的经济时代，做人千万不要太小气。

在任何竞争中，你都要有一点礼让的精神，虽然说竞争就是为了获利，但如果你为了满足自己无休止的利益欲望，占尽了他人的利益，不让其他人获利，你只能获利于一时，不可能得益于一世。因此，你要想成为一个受欢迎的人，要想获得更大的成功，就要给别人也留碗饭吃，而不能让狭隘和小气控制你。

世界知名的日本八佰伴企业集团是世界上最大的零售商之一。它每年从各厂家的订货量都是相当惊人的，所以各厂家都在出厂价的基础上又给予了一定的优惠。但是，八佰伴集团却总是认为各厂家的价格仍然过高，盲目地疯狂压价，直至厂家无法接受，被迫中止与八佰伴的合作关系。北京的同仁堂药店至今已有数百年的历史。在晚清的时候，时局混乱，生病需要抓药的人非常多。而同仁堂的名气吸引来了大量的客源，所以一直都是门庭若市，生意兴隆。但同仁堂并没有乘机大肆提价，反而对于有些实在无力承担药费的百姓免费诊治抓药。有时，在自己药店某项药物紧缺时，同仁堂还会将顾客介绍到自己的竞争对手的药店去。这样，同仁堂不仅继续保持了大量的客源，而且在同行中也获得了一致的美誉。

道理看起来是非常简单的，如果其他人一点利没有，谁还会与你打交道，做买卖呢？商业竞争中，要想生意兴隆，就必须做到在自己有所得的同时，让别人也有收获，大家都得到一定的实利，这样买卖才能够继续下去，经贸关系才能长久地保持下去。

在竞争中，虽然说竞争者要竭力争取自己的利益，但也不要忘记要让大家都得利，既要使自己生活得好一点，也不忘记让大家都活下去，既要努力去达到自己的目标，也要学会妥协、让步，这样，竞争才不会过度，才可以文明、有序、健康地进行。在竞争之中不应当用不正当的手段对付自己的竞争对手。用不正当的手段对付竞争对手，就会出现不公平竞争。而不正当的伎俩用得太多，受损的也只能是自己。

公平竞争要求竞争者不能不择手段地对付对手，而应严守竞争规则，凭自己的实力和智慧去竞争。赢得正大光明，对手才能输得心服口服。每一个竞争者心中都应恪守一条如此的道德禁令，并时时刻刻以它警醒自己的行为，以正当竞争为荣，以不正当竞争为耻。

但是，在竞争激烈的商场上，如果别人拿一些不正当的竞争方法来对付自己又该怎么办呢？我们在保证自己不使用如此不正当的竞争手法的同时，也应该对这些不正当的竞争手法有所了解，有识破它们的能力。诡计最怕被人揭穿，一旦发现，就应将它从阴暗的角落里拖出来，暴露在光天化日之下，这样那些使用如此伎俩的人必然会有所忌惮，不敢肆意妄为了。虽然说竞争就是为了取胜，但为了取胜而不择手段则是经营者所不应当采取的方式。竞争中要讲究道德，要懂得宽容。因为在竞争之中给别人留了条出路，也就等于给自己留了条后路。

要善于与人合作

每一个人，在做事情之前，都会把付出和付出之后的回报做一个权衡。这是人与人之间维持合作的一种需要。合作的对象是两个人，双方基于共同的利益或是各取所需，才能够更进一步地合作。合作的每一方都要考虑的问题是你能够给对方什么，你能从对方身上得到什么？

李婷是一家连锁超市的打包员。像其他结账员一样，她的工作很简单，就是每天刷卡结账，为顾客打包。但是，店里发生了一种奇怪的现象：无论在什么时间，李婷的结账台前排队的人总要比其他账台多好多倍。而且，大家都耐心地等待，没有要去人少的账台结账的意思。值班经理很不理解，不得不对顾客说："大家排成几队，请不要都挤在一个地方。"

但是，顾客们却没有人听他的，都异口同声地说："我们都排李婷的队，因为我们想要她的每日一得……"

原来，李婷是一个在工作中非常用心的人。她习惯了寻找"每日一得"，而且觉得它们对她的生活很有启迪和帮助，就想和大家一起分享，让顾客也带着她的心得回家。于是，她就把它们输入到计算机，再打印好多份，在每一份背面都签上自己的名字。顾客在第二天购物时，就会幸运地得到那些写着温馨有趣或发人深省的"每日一得"纸条。

无论是哪一种合作对于成功都是非常有益的，有一家食品公司的董事长艾丽推出了一种新的制度叫作"多重管理计划"，这一计划后来被很多公司效仿。这一政策的精神实质就在于"团队合作"。艾丽大学刚毕业，就从她父亲手中接下这家公司，开始掌管公司事务，不过当时的她基本还是个外行。但是，她非常聪明，善于借助他人的力量。她从总公司挑选了十几位有能力承担责任的年轻人，组成咨询董事会，来分担公司的经营责任。这些人有权力研究和讨论公司所做的任何事情。于是，就在接下来的短短一年半的时间里，这些年轻人的提议大多被公司采纳。"花花轿子人抬人。"艾丽把自己权力的大部分让给了别人，而对于被挑出来的人而言，他们的身份已经从一个被雇用者变成了合作者。在这种身份下他们自己的价值得到了体现，因而，这种合作是注定成功的。有人这样描述说："一股能量和新观念被释放出来，这些认为自己受到上司赞赏的员工，现在尝到了负责任的滋味，并且还吵着要负更多的责任。"艾丽趁热打铁，把同样的政策也应用到生产线和人事部。

每个人的力量是有限的，但只要善于与人合作，取人之长，补己之短，就能互惠互利，让合作的双方都能从中受益。而且，合作的范围越广，合作的境界越高，生存的空间越大，获取的利益也就越大。如果说合作是一种艺术的话，那么豁达的人就是这方面的艺术家。只要你能够运用自己与生俱来的天赋，就能把合作雕刻得淋漓尽致。

采用容易打动对方的求人技巧

开口托人办事儿毕竟是件难事，但如果掌握了一定的技巧，难事也就变得容易了。

1.借别人的口说自己的话

西安事变前夕，张学良和杨虎城频繁晤面，都有心对蒋介石发难。可在对方没有亮明态度之前，谁也不敢轻易开口。眼看时间越来越近，双方都是欲说还休。杨虎城下面有个著名的共产党员叫王炳南，张学良也认识。在又一次晤面中，杨虎城便以他投石问路，说道："王炳南是个激进分子，他主张扣留蒋介石！"张学良及时接口道："我看这也不失为一个办法。"于是，两个聪明的将军开始商谈行动计划。

2.借轻松幽默的玩笑话说实事

轻松幽默的话题，往往能使人愉悦；庄重严肃的话题会使人紧张慎重。只要有可能，最好把庄重严肃的话题以轻松幽默的形式说出来，这样对方可能更容易接受。

一个年青打工者在一家外资企业打工，在较短的时间内，连续两次提出合理化建议，使生产成本分别下降了30％和20％。老板非常高兴，对他说："小伙子，好好干，我不会亏待你的。"

这青年当然知道这句话可能意义重大，也可能一文不值。他想要点实在的，便轻松一笑，说："我想你会把这句话放到我的薪水袋里。"老板会心一笑，爽快应道："会的，一定会的。"不久他就获得了一个大红包和加薪奖励！

面对老板的鼓励，青年人如果不是这样俏皮，而是坐下来认真严肃地提出加薪要求，并摆出理由若干条，岂不大煞风景，甚至适得其反。

3.绕个弯子套对方说话

有时，一些话自己说出来显得尴尬，诱导对方先开口无疑是上上之策。

王某准备借助好友赵某的路子做笔生意，在他将一笔巨款交给赵某的第二天，赵某暴病身亡。王某立刻陷入了两难境地：若开口追款，恐太刺激赵夫人；若不提此事，自己的局面又难以支撑。

帮忙料理完后事，王某是这样对赵夫人说的：

"真没想到赵哥走得这么早，我们的合作才开始呢。这样吧，嫂子，赵哥的那些关系户你也认识，你就出面把这笔生意继续做下去吧！需要我跑腿的时候尽管说，吃苦花力气的事情我不怕。"

表面上王某丝毫没有追款的意思，还豪气冲天，义气感人，事实上他在话中加上了巧妙的提醒：我只能跑腿花力气，却不熟络那些门路，困难不小还时不我待。

结果呢？赵妻反过来安慰他道："这次出事让你生意上受损失了，我也没法干下去了，你还是把钱拿回去再找机会吧。"

4.通过旁敲侧击达到目的

生活中为人求情、代人办事常常遇到令人不满意的情况，可是只要你学会委婉的表达方法，旁敲侧击，往往能起到意想不到的效果。

曾经韩国修筑新城的城墙，规定15天完工，当时的大臣段乔负责主管此事。有一个县拖延了两天，段乔就逮捕了这个县的主官员，将其囚禁起来。这个官员的儿子设法解救父亲，就找到管理疆界的官员子高，让子高去替父亲求情。子高答应了这件事。

一天，见了段乔后，子高并不直接提及放人的事，而是和段乔共同登上城墙，故意左右张望，然后说：

"这墙修得太漂亮了，真算得上是一件了不起的功劳。功劳这样大，并且整个工程结束后又未曾处罚过一个人，这确实让人敬佩不已。不过，我听说大人将一个县里主管工程的官员叫来审查，我看大可不必，整个工程修建得这样好，出现一点小小的纰漏是不足为奇的，又何必为一点小事影响您的功劳呢。"

段乔见子高如此评价他的工作，心中很是高兴，然后又听子高的见解也在情理之中，于是便把那个官员放了。

那个官员之所以能够获免，原因大多在于子高的求情。子高把一顶"高帽子"给段乔戴上，然后就事论题，深得要领，不得不令人拍案叫绝。其实，一般人都存在顺承心理和斥异心理，对那些合自己心意的就容易接受。因此，顺应事物的发展规律，巧言游说，便容易成功。

5.用商量的口气

以商量的口气把要求办的事儿说出来不失为一种高明的办法。如：

"能不能快点把这事儿给办一下？"

"这事儿给办一下，是不是可以？"

装作自己没把握，把请求、建议等表达出来，给对方和自己留下充分的退路。例如："你可能不愿意去，不过我还是想麻烦你去一趟。"

在请求别人帮助或者向别人提出建议时，如果在话语中表示若对方不具备有关条件或意愿，那就不会强人所难，自己也显得很有分寸。

6.央求不如婉求，劝导不如诱导

美国《纽约日报》总编辑雷特身边缺少一位精明干练的助理，他把目光瞄准了年轻的约翰·海，他需要约翰帮助自己成名，帮助格里莱成为这家大报的成功的出版家。而当时约翰刚从西班牙首都马德里卸除外交官职，正准备回到家乡伊利诺伊州从事律师业。

雷特请他到联盟俱乐部吃饭。饭后，他邀请约翰到报社去玩玩。那时恰巧国外新闻的编辑不在，于是他对约翰说："请坐下来，为明天的报纸写一段关于这消息的社论吧。"约翰自然无法拒绝，于是提起笔来就写。社论写得很棒，格里莱看后也很赞赏，于是雷特请他再帮忙顶缺一星期、一个月，渐渐地干脆让他担任了这一职务。约翰就这样在不知不觉中放弃了回家乡做律师的计划，而留在纽约做起了新闻记者。

由此可以得出一条求人办事儿的秘诀：央求不如婉求，劝导不如诱导。

在运用这一策略的时候，要注意的是：诱导别人参与自己的事业的时候，应当首先引起别人的兴趣。

看准时机再下手

求人办事非常关键的一点就是要善于把握时机。时机不到，你就是再求也没用；时机来了，你把握不住也不行。

古代著名说客张仪，在把握时机方面有令人称道之处，他并不是一味地张嘴就说，而是很讲究"说"的时机。《战国策》上曾经记载了这样一个故事，说的是张仪向楚王索要旅费盘缠的事情。让我们来看看张仪是怎样把握时机的：

据《战国策》记载，张仪到楚国游说，旅费用完了，就心生一计，前去求见楚王。楚王因为以前上过他的当，很不情愿地接见了他。心知这种情形的张仪便对楚王说："我看大王没有重用我的意思，所以我想现在就离开贵国到北方去。"

楚王早就想赶走张仪，但碍于情面并没有这样做。听说张仪要走，心里暗暗高兴。下面，是他们的一番对话：

"请问大王在北方各国有没有您想要的东西？"

"像黄金、宝玉、犀牛、大象等等，我国都有，我什么都不缺。"

"大王是说连美女也不要吗？"

"你是说……"

"我在郑国和周国的街上，看到那里的女人们打扮得十分漂亮。简直如天女下凡、美艳无比。"

"果真如此吗？我们楚国因为地处僻远，和中原各国的美女无缘，我很想得到那样的美女。"

于是楚王就给张仪大批珠宝，作为物色美女的费用。

在这段时间里，楚王除了郑袖这个宠妃之外，还有一位正配的王后（即南后）。这两个女子素来都是最受楚王宠爱的，得知张仪有意为楚王物色美女时，不禁焦急不安，于是赶紧派人去见张仪。"听说先生最近要到北方各国去旅行，这里有一千两黄金，是南后送给你的路费，聊表敬意。"郑袖也送了五百两黄金给张仪。她们的意思很明显，就是叫张仪千万不要带北国美女回来，即使非带不可，也请带些比她们丑的女子回来。

后来张仪去和楚王告别。他说："最近各国都配有严格检查的关卡，一般旅客的往来都受到限制，所以这一去不知何时回来。可否请大王赐给我一杯酒，作为饯别礼？"

"好吧。"

楚王按照张仪的要求，摆上了酒宴。

张仪见时机成熟了，就毕恭毕敬地对楚王说："只有我们两人在这里喝酒实在很寂寞，能不能请大王召唤您心爱的人来斟酒？"

于是，楚王便召来了南后和郑袖，让她们在旁斟酒。接着张仪又毕恭毕敬地禀告楚王说：

"我实在惭愧！"

"怎么了？"

"我虽然走遍了全国各地，还没有看见过这样漂亮的女子。虽然不知者无罪，可是上次我竟向大王提议让我到北方去寻找美女，这实在是太鲁莽了。"

"没关系，不必介意。事实上，我也在想天下大概再也找不到比她们更漂亮的女人了。"在场的郑袖和南后，都暗暗地松了一口气，心中对张仪感激不尽。张仪就这样成功地得到了一大笔金银财宝，继续他游说列国的事业去了。

我们可以想象一下，如果他一开始就摆出一副讨要盘缠的架势，相信楚王不但不会给他一毛钱，反而一定会喝令左右将他撵出去的。

看来，在求人办事时，学会耐心地等待时机对任何人来说都是很重要的。而对那些暂时处于下风、居于逆境的求人者来说，就不仅仅是"重要"，简直就是"必要"的了。

战国时的安陵君是楚王的宠臣，很受器重，但是他也有后顾之忧。他的朋友江乙是这样分析他当时的处境的。江乙对安陵君说："您没有一点土地，宫中又没有骨肉至亲，然而身居高位，享受优厚的俸禄，国人见了您无不整衣下拜，无人不愿意接受您的号令、为您效劳，这是为什么呢？"安陵君说："这是大王太抬举我了，不然哪能这样。"

江乙便指出："用钱财相交的，钱财一旦用尽，交情也就断绝了；靠美色结合的，色衰则情移。因此狐媚的女子不等卧席磨破，就遭遗弃；得宠的臣子不等车子坐坏，已被驱逐。如今您掌握楚国大权，却没有办法和大王深交，我暗自替您着急，觉得您处于危险之中。"

安陵君一听，恍如大梦初醒，恭恭敬敬地向江乙请教。

江乙对他说："希望您一定要找个机会对大王说：'愿随大王一起死，以身为大王殉葬。'如果您这样说了，必能长久地保住权位。"安陵君说："我谨依先生之见。"

但是过了三年，安陵君依然没对楚王提起这句话。

江乙为此又去见安陵君："我对您说的那些话，至今您也不上说。既然您不用我的计谋，我就不敢再见您的面了。"言罢便要告辞。

安陵君急忙挽留，说："我怎敢忘却先生的教诲，只是一时还没有合适的机会。"

又过了几个月，时机终于来了。楚王到云楚打猎，一千多辆奔驰的马车接连不断，旌旗蔽日，野火如霞，声威壮观。

这时，一只狂怒的野牛顺着车轮的轨迹奔过来，楚王拉弓射箭，一箭正中牛头，把野牛射死。百官和护卫欢声雷动，齐声称赞。

回朝后，楚王抽出带牛尾的旗帜，用旗杆按住牛头，仰天大笑道："痛快啊！今天的游猎，寡人何等快活！待我万岁千秋以后，你们谁能和我共享今天的快乐呢?"

这时安陵君泪流满面地走上前来说:"我一进宫便与大王同席共座,出宫后更与大王共乘一车。如果大王万岁千秋之后,我希望随大王奔赴黄泉,变做芦草为大王阻挡蝼蚁,那便是我最大的荣幸。"

楚王听闻此言深受感动,正式设坛封他为安陵君,安陵君自此更得楚王的宠信。

后来人们听到这件事都说:"江乙可说是善于谋划,安陵君可说是善于等待时机。"

由此可见,求人时等待时机的来临需要有充分的耐心。这个过程必须经过积极的准备并等待条件的成熟,而等待时机绝不等于坐视不动。《淮南子·道应》云:"事者应变而动,变生于时,故知时者无常行。"

尽管江乙眼光锐利、料事如神,但事情的发展不会像他想的那样顺利和平静,而安陵君的过人之处就在于他有充分的耐心,一直等待着楚王欣喜而又伤感的那个时刻。这时安陵君的表白无疑是雪中送炭、温暖君心的,因此也收到了奇效,保住了他长久的荣华富贵。

求人求职时学会耐心地等待时机,对任何人,尤其是年轻人无疑是非常重要的。年轻人棱角外露,初生牛犊不怕虎,总幻想着能靠自己的学识在社会上取得相应的地位和成就。他们的锐气是惊人的,但也是短暂的,一旦遭受挫折,无情的现实会使其中一部分人感到生不逢时、怀才不遇,从而愤世嫉俗;也会使一部分人灰心丧志、自暴自弃,这是非常可悲的。

掌握良好的协作和沟通技巧

微软公司原副总裁李开复博士认为：团队精神是微软用人的最基本原则。像Win2000这样的产品的研发，微软公司有超过3000名开发工程师和测试人员参与，写出了5000万行代码。如果没有高度统一的团队精神，这项浩大的工程根本不可能完成。

不仅仅是微软把团队合作作为用人的基本原则，随意打开一个大型企业的招聘广告，几乎在任何一个职位当中都会有此要求。由此可见，团队合作已经越来越成为职业人士所必须具备的一种素质。

那么什么是团队合作精神呢？

我们举一个例子来说明：在登山过程中，登山队员之间以绳索相连，一旦其中一个人失足，其他运动员必须全力相救，否则，整个团队都无法继续前进。而当所有人的努力都无济于事的时候，只有割断绳索，让那个队员坠入深谷，才能保住全队人的生命，而此时割断绳索的往往就是那名失足的队员。一个上千人的汽车装配工厂，只要其中一组人不工作，其产品就无法出厂——谁也不会购买没有轮子的汽车。这就是团队的概念。

老板是怎样看待下级的团队意识呢？当老板评功论过的时候，往往把团队的表现而不是个人的表现放在第一位。老板通常让团队来纠正个人的工作不足。老板永远不会奖励无益于团队发展的个人表现——尽管有时候个人的成绩也很出色，但真正出色的成绩应该是那些可以帮助团队实现整体目标的努力，否则个别人会把好不容易建立起来的团队观念抹杀得荡然无存，这样的人往往是得不到老板的重用的。不懂团队协作也就成为职场大忌。某部门经理刘经理就是一个很好的例子。

这位部门经理不但头脑灵活，观察也很敏锐。在他还未当上部门经理时，他就很善于掌握基层人员的情况，他的决策、建议都能够很顺利地得到推行。他坐上部门经理的位置之后，地位有了变化，人也有了变化，他开始不信任任何人，大小事都自己决定，动不动就呵斥下属，弄得部门里如一盘散沙，人人都在为自己打算。协调工作会议经常都是刘经理一个人在演讲，大小事他全都一手包办，任何员工所提的意见都不能改变他的决定。所以当刘经理提出自己的工作方案征询大家的意见时，大家认为反正说了也没用，于是全都不表示意见。大家都不说话，刘经理就用点名的方式，被点到的人嘴里虽然说："刘经理的想法很好，我举双手赞成。"心里却难以苟同。由于大家都没有说真心话，结果部门经理的想法、计划、决定一推出即等于死亡。日复一日，这个部门的工作情况逐渐恶化，最后刘经理不得不提出辞职。因为部门的工作一团糟，老板早已有心做一番调整。

刘经理正是犯了不懂团队协作的大忌，才导致最终失去了经理的位置。从这件事中我们可以看出哪怕个人能力再强，若不懂团队协作，也不可能干好自己的工作。

随着社会分工的日益细化和技术、管理的日益复杂，个人的力量和智慧显得苍白无力。虽然某项工作可能以某个人为主，但是如果没有其他人的支持，也是很难完成的。

可以想一想，一个足球队在进行人员搭配与选择的时候，同一位置上会选择不同技术特点的球员进行搭配。例如前锋的组合，可以有"快-高"组合，可以有"速度-技术"组合等。教练可能会为每个角色配备一个替补队员，但是一般不会让具有相同技术特点的球员同时上场。在此提醒大家，如果你们希望自己能够很好地融入团队，并且在团队中占有相应的位置，就一定要清楚自己可能的角色是什么。

为了获得理想的整体业绩，把工作做到最好，一名优秀的员工同时还要掌握良好的协作和沟通技巧。

当然，沟通可以不拘形式随时随地进行，办公室、路上、咖啡厅，闲聊之间，都可以互通信息，商讨问题，形成意见。沟通必须及时、有效，切忌为了沟通而沟通。因此要带着问题去交流，不能流于形式。

下面是沟通中需要注意的事项。

1.要虚心

沟通首先是请教。一定要勇于否定自己，放下架子，虚心求教，千万不能把先入为主的意见强加于人。只有这样，才能达到请教、交流、说明、求助的目的。

2.要坦诚

沟通的过程是交流思想的过程。古人说得好："以诚感人者，人亦诚以应。"只有首先把自己真实的想法毫不保留地讲出来，不似是而非、模棱两可，不怕暴露缺点，才能使对方也充分发表意见，在平等讨论中得出结论。

3.要实在

沟通不是装门面、走过场、做表面文章，而是真心实意地交流。因此，沟通时必须态度诚恳，讲话中肯，有感而发，而不是蜻蜓点水，一扫而过。

4.要光明正大

沟通是光明正大的事情，绝不能将它庸俗化。如果不择手段，用拉拉扯扯、请客送礼等不正当手段去沟通，则势必事与愿违，贻误事业。

5.要综合分析

经过沟通得来的意见是多方面、多角度、多层次的。所以，归纳分析、理性判断、得出结论，是最重要的工作。在这一过程中，切忌主观性、片面性和表面性，要妥善分析，不能草率行事。

无论是从企业发展还是从个人发展来说，个人都不能脱离团队。如果没有强大的团队作为支撑，再有能力的员工也不能把工作做到最好。因为，脱离了团队，个人的才华往往没有存在的必要。

精心维护"关系网"

1.主动与人联系，稳固"关系网"

建立"关系"最基本的原则就是：不要与人失去联络。不要等到有麻烦时才想到别人，"关系"就像一把刀，常常磨才不会生锈。若是半年以上不联系，你就可能已经失去这位朋友了。因此，主动联系就显得十分重要。这样，你的人际网络才能逐步稳固起来。

2.经常进行感情投资，加强联络

你有没有这样的经验：某日你遇到了困难，你认为某人可以帮你解决，你本想马上找他，但后来想一想，过去有许多时候，本来应该去看他的，结果都没有去，现在有求于人就去找他，会不会太唐突了？会不会因为太唐突而遭到他的拒绝？

在这种情形之下，你不免有些后悔平时缺少联络了。

法国有一本书名叫《小政治家必备》，书中教导那些有心在仕途上有所作为的人，必须起码搜集20个将来最有可能做总理的人的资料，并把它背得烂熟，然后有规律地按时去拜访这些人，和他们保持较好的联系，这样，当这些人之中的任何一个当了总理后，自然就容易记起你来，大有可能请你担任某个职位了。

这种手法看起来不太高明，却是非常合乎现实的。一位政治家的回忆录中提到：一位被委任组阁的人受命伊始，心情很是焦虑。因为一个政府的内阁起码有7~8名阁员，如何去物色这么多适合自己的人？这的确是一件难事，因为被选的人除了有适当的才能、经验之外，最要紧的一点，就是"能和自己默契地配合工作"。

要和别人多交往才好办事儿，不然的话，任你有登天的本事，别人怎么会知道呢？

现代人生活忙忙碌碌，没有时间进行过多的应酬，日子一长许多原本牢靠的关系就会变得松懈，朋友之间逐渐疏远。这是很可惜的。所以，一定要珍惜人与人之间宝贵的缘分，即使再忙，也别忘了沟通感情。

很多人都有忽视"感情投资"的毛病，一旦关系好了，就不再觉得自己有责任去保护它了，特别是在一些细节问题上，例如，该通报的信息不通报，该解释的情况不解释，总认为"反正我们关系好，解释不解释无所谓"，结果日积月累，形成难以化解的问题。

更糟糕的是人们关系亲密之后，总是对另一方要求越来越高；总以为别人对自己好是应该的，若是稍有不周或照顾不到，就有怨言。长此以往，很容易形成恶性循环，最后损害双方的关系。

可见，"感情投资"应该是经常性的，也不可似有似无，从生意场到日常交往，都应该处处留心，善待每一个关系伙伴，从小处、细处着眼，时时落在实处。

3."关系网"要好，不一定求大

有的人整天忙忙碌碌，认识很多人，整天为应付自己找来的关系而叫苦连天。网织得很大，但漏洞百出，而且又有许多死结，结果使用起来没有实绩，撒进海里网不到鱼。人的精力是有限的，这时就要理顺关系网，该增的增，该删的删，该修的修，该补的补。要织一张好的关系网，应遵循以下步骤：

①筛选。把与自己的生活范围有直接关系和间接关系的人记在一个本子上，把没有什么关系的记在另一个本子上，这就像是打扑克中的"埋底牌"，把有用的留在手上，把无用的埋下去。

②排队。要对自己认识的人进行分析，列出哪些人是最重要的，哪些人是比较重要的，哪些人是次要的，根据自己的需要排队。这就像打扑克中要"理牌"一样，明白自己手里有几张主牌，几张副牌，哪些牌最有用，可以用来夺分保底，哪些牌只可以用来应付场面。

由此，你自然就会明白，哪些关系需要重点维系和保护，哪些只需要保持一般联系和关照，从而决定自己的交际策略，合理安排自己的精力和时间。

③对关系进行分类。生活中一时有难，需要求助于人，事情往往涉及很多方面，你需要很多方面的支援，不可能只从某一方面获得。

比如，有的关系可以帮助你办理有关手续，有的能够帮助你出谋划策，还有的能为你提供某种信息。虽然作用不同，但对你都可能是至关重要的，所以一定要分门别类，对各种关系的功能和作用进行分析、鉴别，把它们编织到自己的关系网中。

设计"联络图"也许不难，但是把它的内容落到实处就不那么容易了。一是要识门。也就是说，对于与自己求助的事情有重要关系的部门人员一定要清楚，熟悉他们的工作内容和业务范围。二是要识路。也就是说，要熟悉办事的程序，先从哪里开始，中间有哪些环节，最后由什么部门决定，都应非常清楚，省得跑来跑去，重复找人。

有了一张好的"联络图"后，聪明的人就会懂得如何保护和维系这张图，使它一直有效。他应该不断和图上的人保持联系，加深彼此的相互了解和合作，保持旧的关系，发展新的关系，使自己的"联络图"越来越丰富。

这时，你就可以画一张"求人联络图"了。

一个人托人办事的实力和资历也往往体现在这张"联络图"上。有能耐的人，他的这张图质量高、价值高，在需要托人办事时左右逢源，无所不能。

4.随时调整关系网

世界上的一切事物，都处于不断的运动、变化和发展之中。我们的人际体系，如果不随着客观事物的发展而发展，就会逐步处于落后的、陈旧的甚至僵死的状态。因此，一个合理的人际结构，必须是能够进行自我调节的动态结构。动态原则反映了人际结构在发展变化过程中前后联系上的客观要求。

所以，要不断检查、修补关系网，随着部门调整、人事变动及时调整自己手中的牌，修补漏洞，及时进行分类排队，不断从关系之中找关系，使自己的关系网一直有效。

在实际生活中，需要调节人际结构的情况一般有三种：

①奋斗目标的变化。也许你的奋斗目标已经实现，也许你的奋斗目标变了，如弃政从商，这需要你及时调节人际结构，以便为新的目标有效服务。

②生活环境的变动。在当今这样的信息社会，人口流动性空前加快，本来在A地工作的你，忽然到B地去工作。这种环境变动，势必引起人际结构的变化。

③某些人际关系的断裂。天有不测风云，朝夕相处的亲朋去世了，在悲哀的同时，不能不看到人际结构的变化。

可见，调节人际结构有被动调节和主动调节两种，不管是何种调节，都要求我们能迅速适应新的人际结构。